兀兀不修善，騰騰不造惡。
寂寂斷見聞，蕩蕩心無著。

六祖惠能畫像

右：廣東省新興縣六祖慈善會會長　黎沃燦
左：范明公先生弟子／廣東省新州六祖惠能文化研究會研究員　黎少芬

老子通玄派

明公啟示錄

解密禪宗心法 一

范明公——著

開卷語

一、此套心法，已於文字之中灌頂巨大加持之力量。

二、只須堅信不疑，恭敬讀誦即可獲無上力量之加持。

三、讀誦之時，身心有不同程度的感應實屬正常，乃感應
　　交道之現象。

四、信奉受持此書文字，即可獲得強大息災、轉運、袪病、
　　富貴、滿願之增上緣。

五、信奉受持此書，於現實中必有諸多神蹟示現。

目錄

推薦序

　　末學受明公老師的信任和囑託，為其智慧解讀《六祖壇經》作序。在閱讀此部著作過程中，讓我對禪宗思想有了更深的啟發，進一步學習和認識到《六祖壇經》的般若智慧，更對我們中華文化讚嘆不已。

　　起初本人對佛法、對《六祖壇經》一無所知，為了認識學習《六祖壇經》，便發心買了兩卷 100 公尺長的宣紙，用毛筆認認真真抄寫了兩遍。在抄寫中，自然在心裏印下《六祖壇經》中惠能大師「菩提本無樹，明鏡亦非臺，本來無一物，何處惹塵埃」的見性偈語，又有「心平何勞持戒，行直何用修禪，恩則孝養父母，義則上下相憐」這融通儒家的思想偈語，以及貫通一切經法的三十六對見性智慧……

　　繼而我又認真的參閱了星雲大師和濟群法師對《六祖壇經》的解讀，使自己對佛法和《壇經》大智慧有了膚淺的認識，如濟群法師講的《六祖壇經》頓教就是要「明心見性，直指人心，見性成佛」，學佛的目的就是要「轉迷為悟」。我認為惠能大師不僅有慈悲大愛的佛心，更是人們做人處事的榜樣，如星雲大師評價惠能大師的六個不以：一、不以侮辱為恥；二、不以卑屈為賤；三、不以艱難為苦；四、不以迫害為意；五、不以恩寵為榮；六、不以度眾為煩；這些中肯的評價，實實在在的思想行為確實值得人們學習和敬重。

佛家文化博大精深，佛學充滿智慧哲理。而六祖惠能大師的禪宗思想更是我們中華文化的瑰寶，根植於中華民眾的心中，源遠流長。「人生最大幸福事，夜半挑燈讀《壇經》。」如毛澤東主席稱《六祖壇經》是中國勞動人民的佛經，星雲大師稱《六祖壇經》是禪宗典籍之王，錢穆大師稱《六祖壇經》是研究中華文化必讀之本，瓦茨氏Alan Watts 稱《六祖壇經》是東方精神文學的傑作。

　　六祖惠能大師有著坎坷而偉大的一生。他不僅把印度的佛教精髓中國化的展現出來，而且通過自身實證實修著述出《六祖壇經》。此經典流傳至今共一千三百多年，深受人們喜愛。這本中華無上寶典的禪宗思想智慧長期教化著大眾，和諧社會，勵志人生，是民眾不可多得的寶貴精神食糧。

　　范明公老師此部智慧解讀《六祖壇經》以通俗易懂、深入淺出的文字，明白的哲理和豐富的知識內涵，融貫於中國傳統文化的儒家思想、道家思想、易經精華，多維度的講述解讀此典籍的巨大智慧，使人更加透徹明瞭《六祖壇經》中的深遠意義。

　　明公的解讀之所以讓人明瞭易懂，是因為他自身有廣泛豐富的文化底蘊和獨到的智慧見解。如解釋為什麼叫《壇經》？明公就很直白道出：「六祖大師在高臺給大家講經說法，所以叫《六祖壇經》，而且是我們中國人自己寫出來的。」如解釋「直心」是什麼？明公就直截了當指出是第一本能，「第一反應，不加任何東西是直心，沒有什

麼對錯」；又如六祖惠能為什麼能成功？「除了根利外更重要是一個『願』一個『專』！『唯求作佛，不求餘物！』」多麼真切俐落……所以，讀著范老師對《六祖壇經》智慧解讀更使人產生不斷追求學習《六祖壇經》智慧內涵的動力，潤澤我們的人生，讓我們得到更高的昇華！相信此部智慧解讀《六祖壇經》是一本大眾不可多得的寶典著作。

六祖惠能大師出生、成長、開悟、圓寂在我們廣東雲浮新興，我作為六祖故里鄉人、六祖慈善會會長、六祖文化研究會名譽會長，和六祖文化研究會社會長都不遺餘力推廣《六祖壇經》及六祖大師的思想文化，因為六祖思想文化不但能增長智慧，且可以淨化心靈，讓我們內心無比喜悅和自豪！因此，希望范老師的智慧解讀《六祖壇經》儘快出版，讓廣大民眾可以多一本解讀《六祖壇經》寶典可隨身閱讀學習，吸收《壇經》的智慧營養，更好的普惠於社會。

庚子年五月廿一黎沃燦寫

第一章

《六祖壇經》的
來歷與開篇機緣

　　《六祖壇經》是佛教的經典，也是我們祖先最高智慧的呈現。作者六祖惠能是唐代中期的人，在中國可以說是家喻戶曉。

　　中華有三聖和四聖兩種說法。三聖指的是伏羲、周文王、孔子，也有「四聖」之說，也就是三聖再加上六祖惠能。六祖惠能在中華文明當中，為什麼有這麼高的地位？是因為六祖惠能把佛教、佛法的教理、教義發揮到了極致，達到了頂峰。六祖惠能從一生的修行當中，領悟、感悟、明心見性，所悟出的佛理是最高的智慧，也可以說是最究竟的學問。

　　六祖惠能的《六祖壇經》，所呈現的不僅僅是佛法的教理，更是我們中華民族所有的文明、文化，最巔峰的彙集，是中華民族文明的最高的智慧也是最落地¹的智慧，開創「禪」這一宗。「禪」是我們中華民族特有的特性、特質，是只有我們才有的，在唐代中期的時候集大成於六祖惠能。

　　我們知道，佛法是從印度傳來，所有佛教的經典都是從印度梵文

〈註〉

1.落地：指天之無限無形與地之現實規律的對應關係。天，即精神領域，對應投射於地，即現實世界。中華文明　調宇宙萬事萬物的天地陰陽基本屬性，因此落地之概念表達的是天必然對應地，有陰必有陽，即事物皆有兩面的平衡思想。

翻譯過來。《六祖壇經》是唯一的一部由中國人自己寫成的經典，集合了所有印度佛教經典，其精髓傳到中土，由六祖惠能經過一生的修習，將佛教的經典彙集而成《六祖壇經》，非常難能可貴。

中國人寫的書，我們中國人就能看得懂。不是用唐代的文言文，而是用唐代時的口語，我們現在看都有點接近白話文。雖然是用白話文寫的，但是《六祖壇經》的意義、教理、精髓是最深奧的。所以學佛的人，甚至修道的人，只要你想掌握或瞭解宇宙的真相，想瞭解人生真正的真相及意義，《六祖壇經》是必不可少的。也就是說，對所有修行的人，這是必讀的一本經典。其他的經典跟《六祖壇經》比較，《六祖壇經》是整體，呈現的是本體，其他經典呈現的都是局部，某個教理、教義的碎片。因此研究宇宙真相的人、想修行的人、想得道之人，《六祖壇經》是必不可少、必須要讀的一本經典。

六祖惠能他不識字，一生也不會寫字，一切都是口耳相傳。他的智慧是自然流露的，是弟子問的時候，隨機點化而流淌出來，弟子再記錄下來。

六祖惠能講經說法三十六年，在這三十六年中，弟子不斷的記錄他隨機流淌的智慧，形成語錄，然後再經過六祖惠能的確認，這樣逐漸的彙集成了這樣一本《六祖壇經》。所以，這本《六祖壇經》從唐代中期到現在一千三百多年，可以說是原汁原味的，唯一一部得到了

聖人本人認可的經典。這一定要搞清楚，這是非常重要的。

我們要知道，由印度傳過來的所有的佛經，都不是釋迦牟尼佛當場認可的經典。是他在隨機講授的過程中，由弟子記憶下來，不是記錄下來。印度在遠古的時候，是沒有記錄的，沒有那個習慣。印度沒有歷史，他們（印度人）連歷史都不記錄。尤其釋迦牟尼佛在世的時候，他不允許弟子把他的話寫出來，也不允許把他的畫像畫出來，也不允許給他立雕像。為什麼？這就是佛法的傳承。他傳的是什麼？傳的是以心印心，不是局限於文字或者執著於文字。

但是後來，釋迦牟尼佛往生以後，他的弟子發生分歧。有的說佛祖是這樣教導我們的，有的說是那樣教導我們的；有的說在這個法會上說的是這樣的一個經典，有的說在那個法會上說的是那個語錄，大家沒有一個共同的標準。這樣佛教內部，在傳播或修法的過程中，發生很大的分歧。那怎麼解決這個問題？佛弟子在佛往生後，有幾次大規模的集結。後面的延續全是翻譯（記憶），所以說所有的佛經一開頭一定得加幾個字——「如是我聞」，即「我是這樣聽佛祖說的」。所以全都是記憶。雖然那時的古人心思比較單純，可能記憶力超群，但是，真的能記得那麼清楚嗎？

六祖是聖人，是大徹大悟者，就相當於佛。所有的佛教經典裏面，只有六祖的《六祖壇經》，得到了聖人、覺悟者、開悟者、佛本身認可，

經過他確認的一部經典。這一點就是《六祖壇經》之所以難能可貴的地方，能流傳到現在更是非常難能可貴的。

六祖惠能往生之前，有弟子問他：「師父往生以後，以誰為皈依？」六祖已經不傳衣缽了，從印度來的衣缽、信物失踪了、沒有了，不讓大家去執著於這個信物。但是弟子就問：「我們以誰為皈依呢？以誰為依準呢？」六祖惠能告訴大家：「以《六祖壇經》裏面的教理、教義為依準，來修行。」這是六祖親自講的，所以《六祖壇經》的學習是非常必要的。

《六祖壇經》裏面都是至理名言、最高的智慧，集合了所有印度佛教的精髓；同時，中華民族傳統文化、傳統文明，也彙集到這裏。也就是說，把西域、古印度傳過來的佛法的精髓，和從伏羲起始的中華民族的文明，在六祖惠能這兒集大成，而成果就在《六祖壇經》裏面，可以說就是中華民族整個文明最高的智慧。六祖惠能之後一直到現在，沒有任何一位大師，沒有任何的教理、教義能夠超越於《六祖壇經》，所以是最高的智慧。我們現在要來學習的，就是六祖惠能留給我們的璀璨文明。

為什麼叫《六祖壇經》？壇是什麼？是當時六祖惠能在寺裏面講經說法的時候，弟子們給他搭建了一座高臺，他在高臺上給大家講經說法。這個高臺在古語裏面就叫做「壇」，其實就這麼簡單，《六祖

壇經》的意思就是，六祖惠能大師在高臺上給大家講經說法的經典，叫《六祖壇經》。

這就是《六祖壇經》的來歷。

第二節｜神蹟表法傳至理　廣開教化沿千年

我們翻開《六祖壇經》學習，可以看到開始就有一篇為六祖惠能的真身。所謂的真身，是六祖惠能往生之後，他的肉身不腐。他的肉身沒有經過任何處理，只是在他的皮膚外面塗了一層漆。我們都知道六祖是在廣東的韶關南華寺，那是在南方，蟲子比較多，又潮濕，所以就把他的肉身外面塗了一層漆，裏面沒有做任何處理，肉身不腐一千三百多年了，現在還在南華寺。

其實，從禪宗來講，不講究神蹟、不講神通，以悟到本來、明心見性為主，不像密宗一樣講神通。既然禪宗不講神通，六祖惠能為什麼要留這一個神蹟在世間呢？他就是要向世人證明：「我所講的是正法。」也就是說：「如果我講的這個法是正法，句句都是正法、至理，那我將肉身不腐，以此證明給你看。」等於在向世人證明，那他為什麼要證明呢？因為，六祖惠能這一生感悟的佛法，和當時世間所傳的那些傳統的佛法、教義，包括修行的理念、方法、手段相比較，是巨

大的顛覆。在當時來講，不是能被所謂的這些修行大眾接受的。很多人都在質疑：「你講的是真正釋迦牟尼佛傳的佛理嗎，是真正的至理嗎？」因此，六祖惠能藉由顯這個神蹟，來讓大家知道他講的一定是至理。如果要懷疑的話，你就到韶關南華寺去看一下，一千三百多年過去了，真身肉身現在還在！

所有稱之為經的都是不容置疑，無可辯駁，不需要去想他是對還是不對。《六祖壇經》也是經，所以經中的每一句話，你只需信就行了。不要去質疑，就像 1 ＋ 1 到底等不等於 2 呢？到底有沒有萬有引力呢？這些已經是經典的東西，經過無數的驗證，所以不要再去質疑，這就叫「經」。

《六祖壇經》流傳的一千多年之中有幾個版本，最有名的、流傳最廣的就是《六祖法寶壇經》（以下稱法海本）。還有一個版本是在敦煌發現的，就是《六祖壇經》的敦煌本。我們都知道敦煌莫高窟裏面，所有存放的珍寶、書畫、經典，都是唐代後期放進去的。六祖惠能是唐代中期的人。也就是說，放在敦煌莫高窟裏面的敦煌本的《六祖壇經》，距離六祖惠能的年代是很近的。

《六祖壇經》「法海本」有兩萬多字，敦煌版本有一萬多字。對照敦煌的版本和現在流傳的《六祖壇經》「法海本」，敦煌本是簡易本，法海本裏面豐富了很多的內容。雖然法海本比敦煌本多了一萬多

字，但是整體的意義、意思、教理、教義沒有變化，並非有很大差距，只是法海本記錄得更加詳細。所以，兩個版本沒有太大差異，我們在學習的時候，就可以用流行本「法海本」來學習《六祖壇經》。

《六祖壇經》在整個歷史的沿襲、傳承過程中，沒有大的變化。也就是說，我們現在學到的《六祖壇經》，跟六祖惠能在唐代當時留下的，基本是沒有什麼變化的。不像《道德經》，《道德經》的變化就非常大，現在出土的帛書《老子》和我們學的流行版本的《老子》差距就很大。但是《六祖壇經》沒有這麼大的差距，整個教理、教義沒有很大的出入。所以我們可以說，現在學到的這個《六祖壇經》、語錄，都是六祖惠能當時親自傳下來的東西，很乾淨很純粹。

《六祖壇經》第一品叫「行由品」，這一品是六祖惠能在講他的修行經歷。他從小到大的生活經歷，一直到他的修行的經歷。

【一時，大師至寶林】，大師就是指六祖惠能。【韶州韋刺史】，這是一個官名。【官僚入山請師出】，也就是說是這個韋刺使帶著這些當官的，到廟裏請大師，就是請六祖惠能出來在城中大梵寺講堂，為眾生講法。大師、佛、菩薩要講經說法，都必須要奉請，這叫機緣。不能大師自己去安排，都是有人請大師來講法，請佛、菩薩來講法。

所有的佛經，開頭都有「如是我聞」，之後就記錄某一個大法會，大家聚在一起的時候，有一位菩薩請佛祖講講什麼內容、或者有些疑

問，然後佛祖才開始演繹一部經典出來。都是要奉請，這叫緣，不請不講。不請就是無緣，緣不成熟不講。講什麼也是根據眾生、眾弟子要什麼，佛、菩薩才流出什麼。所有的智慧都不是編出來的，不是推理、判斷出來的。不是我很有邏輯，確定今天給大家講什麼，那叫知識，不叫智慧。所有的智慧都是流出來的，流出來的智慧就一定要有緣起，然後隨機來演繹，這叫智慧。

六祖惠能升座，下面聽六祖惠能講經說法的都是什麼人呢？有刺史等官僚三十多人，即政府部門的人；儒宗學士三十多人，即儒生、各宗派、各學院門派三千多人；還有僧即和尚，有尼即尼姑，有道即道士，還有俗人一千多人。也就是說，六祖惠能講經說法不僅僅是針對和尚，不僅僅是針對所謂的佛教徒，他是針對社會各界，是廣開教化之門。

第一章

菩提自性本來清淨
但用此心直了成佛

第一節 | 開宗明義　不二法門

此時，六祖惠能告訴大家：【「善知識」】，善知識是對大家的尊稱，不管你是當官的，還是最底層的勞動人民，都叫善知識，這是尊稱。【「菩提自性本來清淨，但用此心直了成佛」】。一句話直點主題，就這麼一句話，「菩提自性本來清淨，但用此心直了成佛」，已經把一部《大藏經》，把所有的佛理、佛意，直接點到最深處。「菩提自性本來清淨」，不用修什麼東西，自性本來就是清淨的，本來就在那裏。我們學佛也好、修行也好，怎麼讓我們的心清淨，回到本來。六祖直接就告訴你，本來就是清淨的，本來就在那裏，你不用去畫蛇添足，再去求所謂的清淨。「但用此心直了成佛」，你只需能夠回到你的本來。「但用此心」，用的是清淨之心。

什麼叫「直了成佛」？「直心是道場」，「直」又是什麼呢？是最純粹。「直」，即不彎、不曲、不折，同時不遮蔽，那就是佛心。說菩提自性本來就這麼清清淨淨、純純粹粹，為什麼成不了佛？為什麼沒有佛的知見？為什麼沒有佛的知覺和感受？那佛是什麼？佛的知覺感受是什麼？佛的知見又是什麼？

佛的知覺感受和知見，就是任何事情一眼就看穿、一眼就看透、一眼就看到本質，然後就知道如何應對。不是想出來的，是一種本能的反應。

我們為什麼是凡夫，我們和佛差距在哪兒？佛也是人做的，整個生理的構造完全都是一樣，為什麼他是佛，我們是凡夫呢？我跟他有什麼區別呢？生理上，佛不比我們多什麼，我們不比佛少什麼，菩薩也是一樣。那佛為什麼能有大神通呢？佛看事情、看問題時，為什麼一眼就能看到本質呢？為什麼能前知五百年後知五百世呢？前世今生全都在佛的眼中和心中，了了分明，我們凡夫為什麼什麼都不知道呢？為什麼都在迷中？為什麼那麼多的困惑，那麼多的痛苦呢？

　　雖然一再講人人皆有佛性，每個人都是佛，但那是理論上的。我們不是佛，還是凡夫。我們可以往佛的方向去修，不斷的修，最後一定修成了了分明，沒有什麼疑慮和困惑，該怎樣就怎樣。那我們跟佛差在哪裏？差就差在這一個「直」字。「但用此心直了成佛」，就這一個「直」字，貫穿了整個《六祖壇經》。我們修，就是要修這個「直」字，「直心是道場」。

　　我們要在哪裏修呢？要在修行的道場裏修行。那真正的道場是在廟裏嗎？是在講堂中嗎？不是！真正的道場就在我們自身，我們每一個人都是自己的道場。但怎麼修？從哪裏開始起修？六祖惠能講經說法，上座後一句廢話都沒有，直搗主題。整個一部《六祖壇經》後面所有內容，都是在講這一句話，透過各個不同的角度來解釋這一句話。什麼是直，怎麼能做到直？你怎麼就不直了？你怎麼就彎了？怎麼就扭曲了？怎麼就折了？怎麼就遮蔽了？什麼東西把你遮蔽了？

釋迦牟尼佛在成佛的時候，說的是一樣的話。釋迦牟尼佛在菩提樹下成佛，夜睹明星，一下大徹大悟，立馬成佛。原來這麼簡單啊！先前他放棄王子的地位，外出苦行，使用四禪八定、打坐等各種修行方法，又禁欲、禁食，各種的苦行，其實都不究竟。直到菩提樹下四十九天，凌晨的時候，夜睹明星而開悟，發現原來這麼簡單，原來以前走的那些路都是彎路，都不究竟，都是外道。原來佛性人人皆有！只是執著與妄想遮蔽之故，把菩提自性給遮蔽了。

　　什麼叫執著與妄想？執著與妄想從哪裏來？都是後天境上生心，念上生念，加上去的執著與妄想。這些加上去的執著與妄想，遮蔽我們本來是清清淨淨的菩提自性。釋迦牟尼佛祖開悟之後，告訴我們，只要放下自己的執著與妄想，自己就是佛。

　　凡人和佛的區別就在這裏。凡人是境上生心，念上生念，碰到任何事情馬上開始分析判斷對還是錯、好還是壞、應該還是不應該，這就已經不是直心，這就叫曲心、扭曲之心。你加上了自己的分析、判斷、推理，認為自己很聰明，有你的邏輯，但你越是有邏輯，越是善於推理，越是善於分析，你離「道」越遠，離成佛就越遠，就越个是直心。

　　直心是什麼？是第一本能、第一反應，沒有什麼對錯。要想做到直心，一定得先放下對錯、應該不應該、好壞，這叫放下分別心。放下分別心，直心才能出得來。但是你能做到嗎？為什麼會有執著？因

為心中有好有壞，想得到好，想遠離壞，因為有好壞、應該不應該、善惡等分別，這就叫執著。什麼叫妄想？我要好的，我一定要好的，我不要壞，那就叫妄想。

《六祖壇經》裏，六祖一開篇就直指核心，兩句話就把整部佛法講透。第一，你要知道你就是佛，你的自性本來清淨，你怎麼從佛變成了凡人呢？你怎麼落入凡間的呢？就是因為一念無明起了分別，因為分別就有了陰陽。無極生太極，太極生兩儀，陰陽就是分別。陰和陽，一正一反、一對一錯、一善一惡、一美一醜、應該不應該，陰陽就出來了。陰陽一出來、一裂變，兩儀生四象，四象再生八卦，這樣子不斷的分別、不斷的分別、分別……就是分裂，你就成了凡夫。

直心失去了，就被執著和妄想所左右，不斷的在境上生心、念上生念。一有事件，馬上就在這個事件上，開始分析、判斷、推理，要找出一個正確的決策、決定，凡夫就是這麼來的。每一位凡夫都是從佛來的，每一個佛也都是凡夫修成的，這就是一個循環。

起心動念，分別心一起，佛即凡夫；凡夫一放下妄念，一放下分別，立馬就是佛。直心一出來，本自清淨的自性就出來了，自性一出來就萬知萬能，什麼都知道。還需要去分析、判斷、推理嗎？越分析、越判斷、越推理、越覺得有邏輯性，你離道就越遠，離真相就越遠。你不要以為眼見為實，覺得眼睛看見的是真的，以為耳朵聽到的是真的。錯了！整個宇宙自然的規律，你根本就不知道。佛告訴我們，眼見的

都是虛的，耳聽的都是假的。

其實整個佛法就這麼簡單，六祖惠能兩句話就已經說得清清楚楚，每一個人都自性清淨，「但用此心直了成佛」，一個「直」字把整個佛法講清，而且不僅僅是佛法，以後講儒學、講道的時候，你會發現佛、道、儒說的都一樣。宇宙的真理只有一個，不管是哪宗、哪派、哪門，說的真理一定只有一個。真理無二，一真一切真，真理一定沒有兩個，有兩個那就叫分別不叫真理，真理就是一。

不管用什麼角度、方法，去闡述這個真理，只是語言、表達形式不同而已，但是說的一定是同一件事。所以說，儒、釋、道、醫、易、武，包括基督、伊斯蘭、猶太，不管是什麼宗教也好，學科也好，在闡述真理的時候一定沒有二。所以，佛法真理叫不二法門，沒有第二個。正確的修行路、修行方法只有一個，誰找到了，誰就走上這條正路，誰就能到達彼岸，圓滿的彼岸。

邪說外道千千萬萬條，各有不同，但記住真理只有一個，即不二。當我們真的能夠掌握真理，藉由佛法掌握這個真理，再把道法拿過來，說的一定也是一樣的意思；我們把儒學拿過來，一定也是這個意思；我們把韓非子法家的東西拿過來，說的一定也是同樣的意思；鬼谷子拿過來，一定也是一個意思。只有這樣才是真的掌握這個真理，這才叫融會貫通。

所有的經典、所有的聖人，一定就講一個事。如果你從佛法上悟

出佛法的一套真諦，你去學道家又悟出道家的另一套真諦，你學儒學又是另一套真諦，如果他們是不能兼容的，那就是你的境界絕對沒到最高，絕對沒有悟出真理來。當你悟出真理，就會看到不管古今中外，真正開悟的聖人寫的任何經典，說的一定都是一回事，只是所用的語言和表達方式不同。這就是一個標準——真理無二，不二法門。

六祖惠能看似沒有文化，他不認字，但不認字不等於沒文化。認字，不代表有文化。認字，你真能明白那個字嗎？你能理解那個字的意思嗎？不要以為知道字的讀音，就知道那個字的意思。六祖惠能他不認識字，但是要告訴他那個字是什麼，他立刻就知道那個字的意思。所以，六祖惠能厲害不厲害，一起首講經說法，一句廢話都沒有，直入主題。

這就是古代經典的特點，也是古人說話、寫書的一種模式——開宗明義，先把最核心的內容，用最精練的語言表示出來，後面的內容都是對這一句核心理念、教義的解釋。最後，再進行一次歸納總結，再回到這個核心。因此，學《六祖壇經》一定要知道開宗明義的這兩句話，就是整部《六祖壇經》的核心，所有後面的各品，全都是在解釋這兩句話。到最後一品，一定也會緊扣著這句話。

第二節 | 回歸本來 了了分明

《六祖壇經》告訴我們修行佛法很簡單——「直」，一個「直」字。直是什麼，原汁原味，不加任何的東西，不加判斷、不加推理、不加分析，能做到嗎？古人容易，現代人難！因為現代人長時間受西方影響，越來越強化邏輯性。邏輯性就是不斷的在分別，分別好、壞，分析判斷得出一個正確的邏輯、一個完整的邏輯，分別有邏輯性和沒有邏輯性。這是西方典型的思維模式。

而東方的思維模式，叫形象思維，講究的不是邏輯性，講求的是形象。東方的思維模式，祖先用的就是這個「直」，他看待萬事萬物、任何事情、與人相處，都是一顆「直」心，全憑本能。有人認為這樣太感性，確實是感性，放下你的判斷，放下你的分別，練這個「直」。

這個「直」怎麼練？當有人跟你說話或是問你事情的時候，又或者有什麼事件發生在你身上的時候，你能不能做到一點，不於境上生心，不於念上生念。這個太不容易了。任何一件事，到我們面前時，我們的思維模式馬上判斷對錯好壞，這已經形成了自動思維，自己都不知道其實心中已經在判斷，形成了一種強大的慣性。

我們說學佛，難道學佛僅僅就是打坐念佛？那不是根本。打坐時，你在坐中是否也在生心，在坐中是否也在判斷，你能因打坐而放下分別嗎？那根本是兩回事，打坐是打坐，放下分別是放下分別。你為什

麼要打坐呢？為什麼打坐就是修行呢？想過這個問題嗎？為什麼六祖惠能反對把打坐當成修行，反對把念佛當做修行，因為它不是修行本身，充其量叫助行。

如果把打坐當成學佛、修行的本身，認為打坐能成佛能究竟，不只六祖惠能，釋迦牟尼佛也已經告訴我們四禪八定那是外道。佛、究竟，絕不是只是打坐入定，然後才有大智慧。什麼叫入定？如果打坐的時候有個入定，有個「入」，那就有個「出」。定有出入嗎？有入有出，有個定，就有個沒定，這是不是在分別？如果每天都在想，「我定了三個小時真不錯」，這就是在分別了。而我昨天定了三個小時，真舒服、真不錯，今天我半個小時都沒定下來，不如昨天，這樣不好。這就不叫「直心」，還是不斷的在分別，只是變了一個分別的模式、形式，這樣依舊還是凡夫一個。

六祖惠能一個「直」字就指出修佛的真諦，如同釋迦牟尼佛祖告訴我們，只需放下你的執著和妄想，你就是佛。並不是一說到佛就一尊金光閃閃的佛在空中，神通廣大，那並不是佛。佛就是普通人來的，普通人也是佛來的，我們要清楚這一點，不要迷信。

你真的放下了以後，有沒有神通呢？會的，你會萬知萬能，什麼都知道，能前知五百世，後知五百年。為什麼？這絕不是你去練這個神通才有神通，當你的心清淨以後，自然而然的神通就出來了。自然而然的對宇宙萬事萬物，對宇宙發展的過程和趨勢，了了分明。

這個意思是，就像山中一潭水，當起風的時候，水面就會波濤洶湧，而水面波濤洶湧、不斷的在動的時候，水面上能映現出什麼？在水中除了看到波浪，還能看到什麼？可是當風停了，水面一片平靜的時候，山河大地、日月星辰就全映在湖裏面，都能清清楚楚的看到。這就叫了了分明。就在這個湖裏，日月星辰的變化，山河大地的潮起潮落，在這個平靜的湖裏都能體現得清清楚楚。所以當我們的心清淨的時候，就能了了分明，這不就是大神通嗎？不求神通的時候，神通自來。這才真正的佛法神通。

並不是佛法和禪不講神通、不讓大家練神通，就沒有神通。當你真的按照正確方法去修、去練時，你才真的有五眼六通，才真的有大神通。那時的神通，其實不是神通，而是清淨的自性，本身就具備的萬有。所以禪宗、佛法，不講究練神通，不允許你去練神通。你練神通，就是在修分別：我要有神通，有神通的就好、沒有神通不好，這就在分別。最後你把神通真的練成，你不是成佛而是成魔。你會越來越執著，越來越妄想，練小神通，還想要大神通，有了局部的神通，你還要全體的神通。這樣執著於神通又有大妄想，能回歸本來嗎？不可能！神通練的越強，反而越走向魔途。

真正的佛告訴我們，不要為了神通而練神通。我們要修這顆心，修直了之心，一旦修成，自性自是清淨，自性本是萬有，具備大神通，這叫無漏神通。所有練出來的神通，都叫有漏神通。只有佛法，按照

佛法所教的方法修出來的，才叫無漏神通，無漏神通是大圓滿，才是真的五眼六通大神通，成佛了。我們不是不要神通，我們要的是這種無漏神通。

了了分明，即是大神通。其實我們要學的就這兩句話，所有佛法的經義，所有佛法的精髓，就是這一個，沒有第二個。雖然這一點大家都聽到過，但是我們在日常生活中，可能就關注於打坐、關注於觀想，關注於參話頭，關注於各種修行的方法。那些方法叫助行，你不能把重心都放在助行上，不可以追求形式而把本體給失去了。

本體是什麼？如果你能隨時練習放下分別，直心是道場，任何事情來了，不於境上生心，不於念上生念，才是我們修佛的根本所在，這是修行的本體，這叫練心。而所有的其他方法都是為了這個本體的助行，不能本末倒置。一定要把這一點清清楚楚、牢牢記住，而且隨時隨地的起修。放下你的分別，要做事，想怎麼做就怎麼做，沒有什麼對或者錯，「我就做了！」不去分別它，盡量放下它。

有人問了：「那這樣的話，我想殺個人我就殺人了？」

不是的，那樣就偏執了，對錯在內心自有分寸。你要相信你的內心，不是說當沒有分別、沒有判斷、沒有推理、沒有分析，就好壞不分了，什麼壞事都幹了！那是不可能的，你對自己太沒信心了，不可能從什麼都要好，一下就變成就是壞了。

是因為你已經習慣每分每秒都在分別，分別以後，經過分析和判斷，下結論認為這是對的然後去做，這樣就心安理得。這其實是給自己找一個安慰，如果沒判斷過的事情，就直接去做，內心會產生恐懼，恐懼到底是對還是錯？做錯了怎麼辦？如果這樣子，有不好的後果怎麼辦？我如果這樣子，我是壞的怎麼辦？我傷害到別人怎麼辦？這就開始產生恐懼。所以要真正的修佛，說起來簡單，其實並不簡單。

　　真正修佛的人，尤其修本體的人，不僅需要大智慧，更需要大勇氣，戰勝自己內心的恐懼。人已經形成一種非常強大的慣性模式，安心於事情必須分析以後，認為對的才會去做；恐懼於不分析、不知道對錯只憑感覺去做。直心，那太令人恐懼了。修行就是要把這個模式扭轉過來，這就是修行的本體。

　　「菩提自性本來清淨」，這句話一定要牢牢的記住。一下就點到本體，不需要再畫蛇添足，不需要再去為了修行而做什麼，只需要回歸本來。什麼叫回歸本來？不加一心，不妄一念的時候就是本來。本來清淨的時候，山河大地、日月星辰，全在心中，了了分明。你覺得你會走錯嗎？你現在是波濤洶湧，連星星都看不到，月亮在哪兒也不知道。你分析判斷的所謂正確決策，往往是錯誤的。為什麼？你在那湖裏波濤洶湧，你覺得好像在那兒，那只是「你覺得」，你認為正確，其實就是給自己一個理由、一個安慰而已。這就叫慣性，叫凡夫。凡夫和佛就差在這兒。佛是不動念的，來了直接就應。

比如你對佛說你餓了，佛馬上削塊肉給你，不想應不應該給，為什麼給，直接就給了；另一個人餓了，佛說「對不起，沒有肉」。為什麼沒有，為什麼給那個人肉就不給這個人呢？沒有為什麼。

「沒有為什麼。」你能做到這一點嗎？這可不容易，說起來簡單，修起來可不簡單。每天面對著這麼多的境，這麼多的人事物，你真的能放下嗎？能放下分別嗎？不可能！我們從小受到的訓練，就是要分別，就要找「對」。我們從小考試就是選擇題，你要從四個答案裏面選擇正確的一個，其他三個就是錯誤的。我們從小就在練習、強化這種邏輯思維模式，這是西方的模式。

現在中國人把老祖宗原本的思維模式否定、淘汰了，向西方去學又學不像。西方邏輯思維的精密度，能生產出精確度很高的機械。我們東方人在這方面，要跟人家學也學不像，生產出來的東西四不像，也沒有那麼精確。我們自己的直心是道場，憑著我們的本能、感知、感性的模式也丟了。我們這種模式本身有優勢也有劣勢，我們的優勢沒有發揮出來，反而劣勢全都給發揮出來了，這就是現代的中國人的樣子。

第三章

一聞經語心即開悟
惟求作佛不求餘物

【「善知識，且聽惠能行由得法事宜」】，六祖惠能這兩句話說完、點出核心之後，把思緒拉回來，再給大家講一講自己的整個生活經歷，包括怎麼得的法。他為什麼要講這些？是為了「建立信任」。六祖惠能在這兒，大家覺得這好像是得了衣缽的大師，但只是「好像是」，心裏面還存質疑。到底他從哪來的？過去做些什麼？還不知道。所以六祖惠能點了核心之後，馬上要打消大家的質疑，他的生活經歷，他怎麼得法的，要向大家清清楚楚的介紹，這樣大家才放下心，原來他是有正宗佛法的傳承，不是自己亂悟出來的。

【惠能嚴父，本貫范陽】，就是說惠能的父親祖籍在范陽，【左降於嶺南，作新州百姓】，左降，就是犯了錯被貶，流放於嶺南即現在的廣東一帶，新州就是現在的廣東新興那一帶。那時嶺南是南蠻、荒蕪之地，流放基本都往那邊去。

【此身不幸，父又早亡，老母孤遺】，父親年紀輕輕鬱鬱而終，成了孤兒寡母。【移來南海，艱辛貧乏，於市賣柴】，他爸爸雖然是個當官的，但很小父親就去世了，惠能沒有機會學習，從小就得為生存奔波。母親去工作吧？那個時候女人不可以出去工作，沒有什麼職業讓女人賺錢。然而，惠能小小的年紀，什麼也不會做，所以只能上山去砍柴，小孩背得少一點，但也能賣點錢，這樣來生活。

【時有一客買柴，使令送至客店，客收去，惠能得錢，卻出門外，見一客誦經，惠能一聞經語，心即開悟】，所謂開悟，是指惠能一下就有感應。就像我們有的人，一聽《金剛經》、一念《心經》，馬上就淚流滿面，當下有所感悟，內心的湧動一下就出來了。他的這個「悟」還不是一下就聽懂，而是有所感應。惠能馬上就問：【「客誦何經？」】念什麼經呢？這位客人就說念《金剛經》。【復問：「從何所來，持此經典？」】大家知道《金剛經》在當時還不是學佛的人最重要的學習經典，還沒有多少人學《金剛經》。是從六祖惠能開始，大家才研習、修習《金剛經》，因為六祖惠能他從《金剛經》開悟，以前所謂的開悟經典不是用《金剛經》。

　　所以問「從何所來，持此經典？」六祖惠能雖然不識字，但是說話也是很文雅，並不粗俗，雖是個砍柴的，說話卻非常文雅、合轍押韻。這表示不識字不等於沒文化，根性所在。我們現在有些人，學歷很高但是非常粗俗；也有些沒有什麼學歷，但是溫文爾雅。識不識字，甚至說文憑如何，不代表這個人素質如何，文憑和素質是兩回事。

　　【客云：「我從蘄州黃梅縣東禪寺來。其寺是五祖忍大師在彼主化，門人一千有餘。」】黃梅五祖弘忍大師就是六祖的師父，「五祖忍大師」即弘忍大師。黃梅五祖那裏門庭若市，弟子很多，專門在教授《金剛經》。【「我到彼中禮拜，聽受此經」】，他去拜這個弘忍大師，才聽到的這個經，回來後他才念。【「大師常勸僧俗，但持《金

剛經》即自見性，直了成佛」】，什麼叫見性，「菩提自性本來清淨，但用此心直了成佛」。見性的意思，就是見到了自性清淨的境界，不假外求，不於境上生心，不於念上生念，這樣就能見性，所以叫「直了成佛」。

這是這位客人講給惠能聽的原話，其實五祖弘忍就在傳「直了成佛」，告訴大家：「念《金剛經》即自見性，直了成佛」，《金剛經》告訴大家什麼？就是告訴大家本體。本體是什麼？本體是：無我相，無人相，無眾生相，無壽者相。意思是，你看到的所有的那些人事物、萬事萬物都不是真的，別當真。你當真了你就放不下，你當真了你就會去分別它，不能把它當真。「無壽者相」，就是佛菩薩，你也不能當真。

眾生相又是什麼？是一切的生靈，山、樹、動物、水。無眾生相，就是沒有這些東西，都是假相。無人相，沒有外面的人。無我相，即連我都沒有。山河大地、日月星辰，你看到了，你認為有，為什麼你認為有？因為那是你分別來的。為什麼有人相，有我相，你是你，我是我，因為你在分別。本來都是一體，沒有分別，是由於你的分別心，分化出了你、我、他，就連壽者，即佛、菩薩，那也沒有。

有人問了：「那沒有，我們修什麼？」

本來沒有，但你認為有，所以把自己局限了。人本來是了了分明，同時神通廣大，整個宇宙都是你。但是由於你不斷的分別，執著與妄

想，在分別的過程中，你就在隔絕。你跟誰在隔絕？人本身就是一心一體，沒有人我之分。但是你一有分別，就有了人我之分，然後你跟人就分別了、跟人就隔絕了，你不瞭解別人，別人也不瞭解你。

當有了這種分別以後，就跟山河大地、日月星辰、所有的動物植物，都開始隔絕。本來跟它們是心心相印，它們一動，你都知道，你都能感應到，任何的天氣的變化，任何的山河大地的變化，你的心都能感知，而且了了分明。但是，由於你的分別，你把自己和山河大地日月星辰隔絕，你就分裂了，因為分裂，你的力量就沒了。力量越來越小，就沒有廣大的神通，變成了一個凡人。

當你眼中還有佛菩薩時，你還是在分別。「他是佛菩薩，我是凡人，我得向他學習。」這本身也是分別。

五祖弘忍跟那位客人講了同樣的話，讓他念《金剛經》「即自見性，直了成佛」，客人把話復述給了惠能，但是他自己並沒有悟出來。惠能一聽到這個話後，就大有感應，但是還不究竟，到底講的是怎麼一回事？所以，惠能後面才去五祖弘忍那裏求法。求什麼法？到底什麼叫「即自見性，直了成佛」？五祖弘忍在密傳惠能的那一夜，講解《金剛經》就在講解這個。六祖一下明白後大徹大悟，馬上就知道怎麼做了，然後十五年在獵人隊中去修行。修的什麼？就是修這句話——「即自見性，直了成佛」。後面六祖惠能講出《六祖壇經》內容來，合轍押韻，智慧流露，這智慧是流出來的，怎麼流出來的？沒有分別

的情況下，智慧就能流露出來。天天分別、判斷、推理，做出的決策反而沒有智慧。智慧一定是流出來的，是自然流露。

【惠能聞說，宿昔有緣】，惠能得聞此說，是大緣分。【乃蒙一客取銀十兩與惠能】，還有人給施捨。惠能家有老母親，指望他砍柴為生，如果他走了怎麼辦呢？有人贊助十兩銀子給惠能，【令充老母衣糧，教便往黃梅參禮五祖。】這一段很簡單的介紹，主要介紹的是六祖的法緣是如何緣起的，其他都一帶而過。十兩銀子母親就能生活一輩子嗎？別想那麼多了，再想多了你就又分別了。放下，直了，直心是道場。

我們要牢牢記住：整個的佛法的核心，其實都在剛剛這一段裏面。我們現在學佛法，已經做不到像六祖惠能那樣，一聞真理、一聞佛法，馬上開悟。因為我們現在業障深重，根本打不透。業障是什麼？不是你做過的壞事，業障的第一障就是「所知障」。因為現在學的東西太多了，腦中都是對錯，都是那些所謂的真理、世間法、物理規則。比如，你認為水一定要到一百度才能燒開，這就是一種知見，就是所知障。水一定要到一百度才能開嗎？不一定吧！我們有太多類似物理規律等所謂的規律、認為是對的東西，如果細想，往往不一定是對的。我們腦中有太多、從小到大被灌輸的，這是對的、那是不對的，應該這樣、不應該那樣……幾十年下來，我們腦子裏面全是分別。所以我們想一聽講經說法就通透，一下就把原有模式去掉，不再分別，是不可能的！

所以，現在的人叫「福薄業重」。

然而，古人清淨、純粹，一點即透。尤其六祖惠能，字都不認識，也不看書，沒有所知障，就不用去破什麼，他的腦子裏就沒有所謂對、所謂錯。惠能的父親也不在了，父親如果在，可能會給他種下忠孝仁義禮智信是對的，與之相反的就是錯。如果從小就這樣教育的話，就沒有六祖惠能了。這講的是有關所知障的道理。

我們現在的人福薄業重，不是聽講經說法就能通透，一碰到事情就起心動念、大事大起心動念、小事小起心動念，你的湖水要嘛是漣漪，要嘛是波濤洶湧，天天都是這個狀態，如何做到了了分明？

惠能安置好了母親，【惠能安置母畢，即便辭違】，可見他學法的心切，把母親安置好馬上就去黃梅學法。【不經三十餘日，便至黃梅，禮拜五祖】大概一個月左右，惠能到了黃梅，見到了五祖弘忍大師。

第二節｜指點迷津是明師　修行昇華信願行

【祖問曰：「汝何方人？欲求何物？」】五祖問：你從哪裏來的？你到這裏來要學什麼呢，要求什麼呢？【惠能對曰：「弟子是嶺南新州百姓，遠來禮師，惟求作佛，不求餘物。」】你聽這口氣：我是嶺南新州的百姓，不遠千里而來拜師，我只要學成佛之道，也即是圓滿

之道，其他的我都不求。「唯求作佛，不求餘物」，為什麼要強調這個？學佛之人所求、所願都是不同的，有的人學佛求福報，多數人為求升官、發財、感情、家庭，有缺失、有漏、貧困的，要改變現狀，求現世的福報；有的人學佛，為下一世投生一個好的地方、好的家庭，或者下一世投做天人，享盡榮華富貴。這是很多人學佛的目的，這有錯嗎？當然沒有錯。

　　為什麼要學佛？是學「佛」教給我們的宇宙致理、真相。大家各有所求，求福報、求圓滿、求現世的自由、解脫、富足等，都沒有問題。學佛能不能求到這些呢？一定能求到。學了佛，首先不管你求什麼，如果你學的方向、道路是對的，走的是正道，那這些福報和健康、事業、財富、情感，包括所有的無礙，都是不求自得，自然就會得到。六祖惠能一見他師父目的就特別明確，為什麼要拜師學佛？不是求現世的福報，不是求眼前的東西，也不是求往生以後的後世之事，而直接就是最高的目標——做佛。

　　成佛又是什麼？那就是無餘涅盤、常樂我淨，超脫六道輪迴、完全掌控自己的命運，這就是六祖惠能學佛的目的。

　　我們每一個人想修行，學佛也好、學道也好、學儒也好，其實都是一回事，都是向道之心，發的都是菩提心，其實求的都是圓滿。圓滿有大圓滿、小圓滿，有自體的圓滿、整體的圓滿。學佛、學道、學儒，甚至學基督、學伊斯蘭，不管學什麼，總得有個目標。目標明確，

知道自己想要什麼是非常重要的。這個目標就是「願」！真正的修行開始，一見師父，跟五祖弘忍一見面，五祖弘忍馬上就問：「你的願是什麼？」

在「願」之前要想修行，必得有一個「信」字，在「信」的基礎上求師問道，先信這個師父。然後，無論學佛、學道、學儒、學基督，在拜師父之前，你必須得明確為什麼要拜這個師父、入這個門。那就是「願」。在信的基礎上要有願，這個願一定要明確，目標不明確，只是信這個師父，而為什麼要學、要入門、要拜師不清楚，那你就是糊塗的。當沒有目標，也沒有願的時候，什麼都修不成，你那個信也是迷信，沒有願就沒有方向，師父該帶你往哪條路上走呢？黃梅五祖弘忍有一千多個弟子，這一千多弟子都向一個方向走嗎？不會的。每一個弟子都有他的目標，都有他的願，也即是自己的方向，師父領進門修行在個人。信字大家都有了，下面就是願字。師父要根據每一個弟子所發的願、選擇的道路和方向不同，去引導他、協助他、幫助他、加持他，向他的目標去走。

一千多個弟子，每一個人的願不同，走的方向就一定不同，對應的高度就不同。有的人就想要過好小日子，老婆孩子家庭和樂就已經滿足了，跟五祖學法就想得到這個，那五祖弘忍就會給他、教他實現這個目標的方法、手段。

然而，有的弟子像六祖惠能，直接就要成佛，那五祖弘忍就會幫

助他、點化他、引導他向這個方向去走。所以同一個師父，弟子的成就不僅僅取決於師父的水平，師父的水平決定了弟子最高能走多高，就是他能把弟子送到多高。但是，再厲害的師父，也不可能把所有的弟子都送到最高點。由於弟子的願力、求法的目標不同，師父就會把弟子送到他想去的地方，而絕不是一入門師父就有義務、有責任把所有的弟子都送到最高處，這也叫內外相應。師父再厲害那是師父修行的高度，必須得結合著你的願力，他才能把你托得更高，托到你想要去的地方！

可能有的人入法門學法，就想要發財。發財沒錯，所謂富足，我們修佛、修道、修儒，首先求現世的圓滿，發財、富足本身也是我們所求的一部分，這沒問題。問題是如何看待這個財？你如果只是求財，那師父給你敞開方便法門，就告訴你現在為什麼缺失財富，你為什麼有漏，為什麼貧困，為什麼做不到富足？

真正明理的師父，不會直接教給你發財的方法，然後讓你去發財，直接把術、方法教給你的絕不是明師。真正的明師一定是讓你反觀自己，你之所以在財富方面有缺失，必是心中有漏。所有垷實中呈現的一切，都是你內心投射出去的。你來求財說明你財不足、財有漏。明師教你反觀自我的方法，找到內心當中的「漏」，去修復它、彌補它。「漏」也許是你的知見，也許是你的認識，也許是你的觀念，也許是你的業障。不管哪種方法，一定是藉由現實的缺失，回過頭來反觀內

心、反觀自我，找到那個漏，然後用正見、正理、正思維來修復它，這是一個修煉的過程。漏有沒有修復，或者說在這一點上你圓滿了沒有，一定會呈現在現實中。如果你內心圓滿了，現實中一定就會富足。

有人疑惑：「我把自己的心修好了，現實中就有錢，錢怎麼來的？我是不是還得安排現實中賺錢的項目，或者去結交有錢的人，或者學會賺錢的方法呢？」

現實中的財怎麼來，不是你用意識去考慮的事，你只要把內心圓滿了，無需去考慮自然而然就會來，這不是迷信，這叫智慧。

明師傳的是道，邪師傳的是術。市面上一些所謂的大師，是正師還是邪師，你自己可以分辨。所謂的邪師是，我要什麼他給我什麼。比如，我有病了，身體長了個腫瘤，到大師那裏一拜，「大師，你看我這身體長了個腫瘤，能不能幫我治一下？」大師說：「沒問題啊。」伸出手去，「唵嘛呢叭咪吽」，把腫瘤一把拿出來了，說：「看到沒有。這腫瘤拿出來了，你好了啊。」然後你千恩萬謝，給大師供養。這樣的就叫邪師。

為什麼呢？因為，長腫瘤也有它的意義，你為什麼會長這個腫瘤，腫瘤會長出來一定是你出了問題。有人說：「長了這個腫瘤是我身體出了問題，我的身體有病了。」錯！身體不存在、沒有一個什麼東西叫「病」，身體本身是不會生病的，是你認為那叫「有病」。如果你真的掌握道，知道真相、真理，就知道沒有什麼叫病，一切身體的各

種狀態，都是你的心的呈現、投射而已。腫瘤也是你的心有不圓滿的地方、有缺失的地方、有障礙的地方，是你心裏有了問題，然後在你的身體上、在現實中，才會呈現這些衝突、障礙或者堵塞，這才是腫瘤的成因。

　　無論學佛、學道、學什麼，明師一定會把這個理講清楚讓你明白。那麼，直接給人療癒難道不是救人嗎？你以為把腫瘤一下就給治好了，就是在救人嗎？錯了！這個大師是在害人！只是把表相的腫瘤拿出來了、治好了，但深層的意義卻沒有呈現出來，這個人沒有因為這次腫瘤而轉變、轉化、反觀自我、找其原因，一定會再透過其他途徑顯現出問題。真正的明師，一定是帶你反觀自心，去找為什麼會出現這個腫瘤。你的內心裏有哪個角度的認知出了問題，還是有業障，或者怨氣、不滿、負面的情緒沒有釋放，腫瘤代表的是這些東西，只是這些東西投射、外顯在我們身體上的。

　　每一個所謂的疾病、病症，其實都有它存在的意義。既然有其存在的意義，我們在療癒病症的過程中，最根本的是找到它真正的成因，然後去化解它。如果有壓抑的負面情緒，有恨、有怨壓抑在體內，就要透過腫瘤去反觀內心、反觀自心，把壓抑的怨恨、負面情緒找出來，然後化解掉，釋放出來。這就叫最根本的病灶，是一股能量，一旦釋放出來之後，腫瘤自然就消失了。能量是裏，腫瘤叫表。那麼，我是否改變了呢？是否把我的憤怒、壓抑的負面情緒都已經化解了呢？唯

一的驗證是：腫瘤消失了。藉由腫瘤的成長、轉化和最後化解的過程，在明師的指引下可以達到反觀自身的目的，明白我為什麼壓抑了這些負面的情緒，為什麼會有這個恨、這個怨。在化解的過程中，我有了提升，有了昇華，有了改變，這才是真正的意義。

是這位師父把我的腫瘤治好的嗎？不是！師父只是引導我，讓我看到自己。這個才是明師，明傳的是道，而不是直接解決問題。比如說，我們求觀音菩薩：「我有個腫瘤啊，能不能給我治好？」觀音菩薩那麼大的威力，祂也絕不會說：「你心真誠啊，我們是有緣人，我給你把腫瘤拿出來。看，信不信我？看我厲害不？」如果是這樣子，這絕不是觀世音菩薩，絕對是魔！不讓人從中有昇華和改變，不讓人藉著疾病來更清楚的看到自己，這絕對是魔！觀音菩薩只會做一件事情，叫「指點迷津」。祂會指引你，腫瘤誰治好的？是在觀世音菩薩或者在明師的指引下，自己改變了，自己把自己治好了，自己昇華了，自己從中學到了也改變了，腫瘤就好了。

這個腫瘤就是機緣，透過治療這個腫瘤，給自己治病，認識了師父，師父教他反觀內心，這就叫傳道。道是這個道理，即他為什麼得腫瘤，把得腫瘤的理、真相傳給了他。傳了道，又授了業，授的業是透過外表、外象，也就是腫瘤，反觀內心找到成因，也就找到了內心的缺失、不足，或者有衝突、有怨恨、有負面情緒的壓抑。但是怎麼透過腫瘤，找到內心相應的成因呢？師父不僅會傳道，同時又會教你密傳的方法，

即「術」。理和真相是道，方法是術。只知道理不行，這是有方法的，你不知道方法，是因為沒有人傳你。

師父是做什麼的？古人講：「師者，傳道、授業、解惑者也。」古人的師和現在的師可不是一回事，古人要稱之為師非常難得，是得道之人才能稱之為師。你沒得道，如何傳道？你都不知道、不能掌握密傳的術，也就是方法手段，你授什麼業？教什麼方法？必是得道之人，既掌握了道又掌握了術的人，才可以稱之為師。而現在老師遍地，不僅稱師還稱老師。「老師」是師中之尊，得道之人中為首的才可稱老師。而那些教語文、數學、繪畫、開車、做飯、開拖拉機等等的人，不應叫老師，而是匠人，是掌握了一門技能的人。

師父和徒弟、弟子之間的互動關係：能引導弟子達到的高度天花板，取決於是否是正師、明師，以及師父的水平；而弟子得遇明師後，跟師父修多少年，以及自身的修行高度是弟子自己決定的。一位師父傳承下來，不同弟子所達到的高度，絕對是不一樣的。有人認為高度取決於天賦。錯了！沒有什麼東西是天賦。前面講了菩提本性，「菩提自性本自清淨」，啥叫天賦啊？所有的人都是一樣的，就像大海的水沒有差別一樣，北方的海水、南方的海水，一個大海裏這一滴水和那一滴水有差別嗎？沒有。不要總說天賦，不是取決於所謂天賦，而是取決於你的願力，你信的程度，你在修行過程中的勤奮度。先有信，且一定要有願，然後才是行。信、願、行，是修行基本要件。

信，還要有個前提，就是找到明師才信。不是聽到一個所謂老師講得挺好，就信了。遇到一位師父，就堅定的信了，結果是個邪師。現在，遍地是邪師，而非正師，且都是自詡為師，根本就沒有入道，更不要說得道了。你本來是想往太陽的方向走，遇到的邪師自己都不知道太陽是往哪個方向走，心中都沒有太陽，都沒見過太陽，他只能給你拉到地獄去，因為他只見識過地獄。信這樣的邪師，豈不也跟著下地獄了。信，不能盲信，不能迷信，得睜開你的眼睛，真的找到明師了，然後堅定的信，然後發大願，然後才是在現實中刻苦的修。

　　修行是有條件的。現在末法時期，修行不易，第一個條件是得遇明師，第二個條件是信，第三個條件是願，第四個條件是行。這樣你才能真正以最快的速度，從捷徑走向太陽的方向，以上條件，缺一不可。末法時期為什麼求法這麼難呢？為什麼得道之人這麼少呢？因為沒有明師，第一個條件就找不到，就沒有機緣了。多少人修行，不修還好，一修反而越修越糟，越修越貧困，越修越感情破裂，越修越與人隔絕，都不融於社會。美其名曰脫離紅塵進山，卻不知道脫離紅塵反而沒法修行，這都是被邪師引向歧途。現在明師太難找，明師的標準，在《六祖壇經》中都有，之後會講到。

　　經文這一段是六祖去拜五祖弘忍，師徒之間第一句對話，五祖弘忍就問你的願是什麼。惠能千里迢迢，從嶺南走了一個多月來到了黃梅拜師，信肯定是有了，下面五祖弘忍就是在問他的願。是不是所有

的弟子拜見五祖弘忍的時候，五祖弘忍都會問他這個願啊？會的！我是師父，也是一樣的。你拜我，來求什麼得先搞清楚。你所求的，我清楚我有沒有、能不能做到，然後才是我能不能引導你。如果你來拜師，你想要什麼師父都不知道，就把你收進門來，這也是糊塗師父。西遊記中的孫悟空，開始是石猴，千里迢迢趕到了須菩提那裏，須菩提也是問他：「你想要什麼，要長生嗎？要富貴嗎？要當官嗎？要神通嗎？」孫悟空說他求長生不老，要長壽，要學不死的法門。

都須有此過程，師父得知道徒弟想要什麼，同時看弟子的願力，就能知道這個弟子以後修行成就有多高。六祖惠能當時是個砍柴的，相當於現在沒有學歷、一無所成的典型魯蛇[2]，只是為了生存，能把自己和老母親養活就不錯了，沒文化、沒背景。那你來是做什麼，到底來求什麼？結果這樣一個人，一開口就是來學做佛，對五祖弘忍來講震驚不？五祖一千多個弟子，可能有的家境、出身特別好，有的學歷特別好，有的特別聰明伶俐、特別優秀，但一問你來做什麼、求什麼，回答有的可能是當官發財、有的是要脫離六道、有的可能是長生不死。然而，惠能這樣一個魯蛇，一開口就是要作佛，是最高的，真是志向高遠啊！所以，六祖後面的成就為什麼這麼高，這就是願，願在這裏。

自己想想，如果哪一天你遇到了明師，當師父問你一句：「你來

〈註〉
2. 魯蛇：網路語言，指的是在工作上不順遂、低收入、單身的人。

49

求什麼？」你怎麼回答？想就已經不對了，加了意識了。當我這麼說的時候，你的想法不能第一時間跳出來，就說明你現在是迷茫的，不知道自己想要什麼。可能你還想一想：「對啊，六祖惠能說做佛，那我也做佛。」時機已經過了，再想出來的都不直接。又有人說：「周恩來總理是為中國之崛起而讀書，那我也為中國的崛起，我來入門學道。」你就算了吧！周恩來總理是在小孩的時候，老師一問：「你為什麼學習啊？」他立馬脫口而出：「為中國的崛起而讀書、而拼搏。」為什麼能脫口而出？那是人家心裏，心心念念都是這個願，機緣一到，老師一問的時候一下就脫口而出了。

剛才我一問的時候，讓你想想你有什麼願，你一下懵了、腦子一片空白，一想六祖惠能作佛……不行，咱作不了佛，太大了！想想總理的……為中國之崛起吧……總理的願也有點大。這說明你平時就沒有願，你的人生其實沒有目標，不要以為你多優秀。在你沒有願、沒有方向的前提下，你的優秀是隨波逐流的優秀。比如，大家都往一個方向跑，而你跑得比別人快一點。但問題是，方向對嗎？你不知道方向，前面可能是懸崖，你跑得快就會第一個掉進去。不要以為你的優秀是真正的優秀，連目標都沒有、願力都沒有，談何優秀！充其量也就是隨波逐流的、從眾的優秀。大眾都往一個方向流時，你比別人跑得快，也許就第一個掉下懸崖，跳進陷阱。

所以，六祖惠能為什麼能稱之為六祖，信是怎麼信的？不是漸信，

而是一聽聞《金剛經》中一句，立刻就信了，這叫大根性。有人說惠能有天賦，也有人說他修了很多世，而我剛開始起修……這些都是藉口，都在看別人天賦好，所以修得快。錯了！不是別人的天賦好，關鍵是願。有了願，就有了方向和目標，然後才是快慢的問題。願，太重要了！

所以師父找徒弟也是，要是找個糊裡糊塗的徒弟，怎麼教也培養不起來的。師父是要培養參天大樹，結果你甘於永遠當個小灌木叢。明師如此難得，千年不遇、百年不遇，難得出現一位明師，最後弟子們全是小灌木叢，這也很悲哀的。所以師父看到了大根性的弟子會很重視。注意一下，這裏的大根性不是大天賦。有的弟子不自量力，在師父面前狂妄：「我的天賦，你若收我為徒，我一定能讓你的法門發揚光大。」像這樣的人，師父一腳就踢出去。那已經不是自信，是狂妄！

六祖惠能，既沒有背景，又沒有文化，字都不認識，就是個打柴的，誰能說他有天賦？然而，惠能可有大願啊！所謂天賦人人都是平等的，沒有誰有不同的天賦，只是可能有人在某個領域熟練一點兒。願力比天賦重要太多了！

五祖弘忍和六祖惠能見面，第一句話我們就講了這麼多，延伸出來這麼多，講的就是，拜師要拜明師，得機緣遇明師，要信；往後如何修行，不是說信了直接就起修，中間還得有一個願。六祖惠能要入

五祖這一門，他必須得具備信與願這兩項，五祖弘忍才能收他，而後才能提升、昇華他。

　　信和願，六祖惠能都具備了，五祖弘忍本身就是明師，一聽有這樣的弟子要來學，一定會非常的開心、高興，這樣有大願的弟子來入門，今後法門發揚光大必是指日可待。六祖惠能也真的做到了這一點，非常堅定「惟求作佛，不求餘物」。

　　六祖惠能為什麼能成功？他外在客觀條件和環境都不具備，可說是最慘的，但他抓住最主要的「願」，另外一個呈現出來的是「專」。這句話的語氣表達，「惟求作佛」後面為什麼加了一句「不求餘物」呢？

　　師父可能會對惠能說：「惟求作佛」，願望太大了、要求太高了吧，如果這一生做不了佛，做菩薩行不行？如果菩薩沒學好，做羅漢行不行？羅漢如果沒學好，也就是出世間都沒學好，那做人間的「王」，行不行？還不行的話，就做宰相或者大將軍，再不行做個州縣官也不錯嘛！沒必要一下願那麼高，萬一實現不了就啥都沒有了！能不能量力而行呢？

　　如果問到你會怎樣想呢？你可能會想：「師父說了佛太高，菩薩……看我這個資質、天賦和勤奮度，羅漢也夠嗆，還是努力一下在現實中得富貴吧。」是不是有可能這樣想？是不是信心在動搖，而且不專！

我們人生幾十年，其實在宇宙的運行過程中太短暫了。從小到大幾十年，如果我們能把一件事情做得特別優秀、做到極致，就已經相當不容易。算一下，我們從出生到死有多少天？就算活到一百歲，也只有三萬六千五百天，更何況活到一百歲很難得。好比你一共就有三萬六千五百塊錢，每天必須得花一塊錢，而且再賺不著了，就是只能往外花錢的概念；而這三萬六千五百天，一天還有八個小時睡覺，算下來一萬六千天，還剩兩萬天了；一日三餐每天差不多三個小時，這樣又少了五、六千天，還剩一萬多天；必須的吃喝拉撒睡再去掉，最後有效時間也就一萬天左右。想一想為什麼絕大多數人一生碌碌無為，就會吃、喝，消耗很多資源，為人類、地球做不了什麼貢獻，最大的貢獻是生了幾個孩子，其實還不一定算貢獻。

有效時間只有一萬天，到底用來幹什麼？看抖音、打遊戲？在某一個領域、某一方面專注去做，也只有一萬天，專注的做在某個領域能有所成就，已經很不容易了，何況你的心是散的呢！今天做這，明天做那，後天又改了，你這一生就這樣渾渾噩噩、碌碌無為過去了。一天中看手機、打遊戲、閒聊就過去一大半，用在真正有效的事情上才多少時間？你為什麼沒有成就，又怎麼可能有成就呢？什麼東西不是練出來的？不都是勤學苦練積累來的嗎？

現在學《六祖壇經》，就是要跟六祖惠能學習，我們要學什麼？最簡單的，五祖弘忍見到六祖惠能的第一句話，我們就能在六祖身上

看到這麼多東西：有願力，而且這份願是多麼的堅定，就是作佛。那惠能在見到五祖弘忍之前就有這個願了嗎？惠能字都不認識，如何知道有佛呢？唐代時佛教大興，耳聞目染受到影響，且有大根性，鄉鄰告訴惠能佛是怎麼回事，有多厲害，惠能就說我要學作佛。現在是不是我們都在拜六祖惠能，他就是我們心中的佛，惠能做到了即身成佛，也就是即世、當世就成佛。

你不要想那個佛有多麼的高遠，認為那要經歷多少劫、多少萬年以後，自己勤學苦練，然後才能成佛。那是你的藉口，你不敢成佛所以才給自己加了那麼多的障礙。我們學的禪和密是相通的，禪講究的就是即身，當下即佛，一念凡夫一念即佛。不是說一生一世過後才成佛，是明心見性，當下即是佛，這就是禪。密宗所講的即身成就，也是這一世就成佛，絕不把成佛這件事放在下一世。下一世去哪兒了，是不是人，都不一定，可能變成螞蟻，還成什麼佛呀？不要把成佛的願望推到下一世，就是當下，就是即世。

有了堅定的大願，還要有堅定的專一：我這一世就要幹這件事，只要是這件事我義無反顧的去做，只要跟這事無關的我絕不去做。看六祖，一聽到《金剛經》，好像跟成佛有關係，一下就感動了，有感應出現、跟成佛有關係，那我就要去求。就這樣千里迢迢的走了一個多月，來到黃梅拜見五祖。可以看到「專」，不求餘物。

就這兩句話：惟求作佛——願；不求餘物——專。修行任何法門，

包括世間所有的、各個領域的學問，都要做到「願」和「專」，否則終將一事無成、得過且過，最後庸庸碌碌。所以學《六祖壇經》，我們就要學六祖惠能的「願」與「專」。

第四章

佛性本無南北
自心常生智慧

第一節｜有慧根金玉其內　通人性見微知著

【祖言：「汝是嶺南人，又是獦獠，若為堪作佛？」】五祖弘忍對惠能說：「汝是嶺南人，又是獦獠。」獦獠是什麼呢？就是前面我們說的魯蛇，沒文化、沒背景、沒工作、文盲，是社會的最底層。「若為堪作佛？」意思就是說，做人你都是最底層了，再往下就是動物了，人你都沒做到很優秀，你還想作佛？我們先來看，五祖弘忍問這話對不對呀？做佛是昇華。昇華，是應該人先做好了，然後才做佛。這就是邏輯，是推理。

但是，從歷史上來看，人做到最高位、最優秀，可不一定就能往上做神仙、做佛了。六祖惠能從這個角度，回答了五祖弘忍的問題：【「人雖有南北，佛性本無南北。」】這句話的含義的是什麼？人的區別，有客觀環境的區別，身分地位的區別，有文化沒文化的區別，識字不識字的區別，工作性質的區別；人有人中之王、流浪漢、最低下的人，這個叫區別。但是「佛性本無南北」，佛性本無區別。這又是什麼意思呢？結合前面所講，意思是人的客觀環境，所有外在的東西，就像我們身上穿的衣服一樣，有特別華麗名貴的、有絲綢錦緞的，同時也有粗布麻衣的，還有的就是草。衣服雖然不同，但是衣服裏面的那個人都一樣，脫了衣服大家都一樣。所以六祖惠能對五祖弘忍說的意思就是：「師父，你別從衣著來看人，這是外在的東西，雖有區別，但是把衣服一脫了，人與佛性一樣無差別。」

佛性又是什麼？菩提自性本自清淨，這就是佛性。每個人都有佛性，佛性是一樣的。像我們衣服一脫，貴賤高低就分不出來了。在澡堂裏面，哪個是董事長，哪個是拉三輪的啊？有的拉三輪的，長得比董事長還像董事長。都是穿上衣服才有區別，可是衣服能代表什麼，不是因這身衣服而成佛，而是衣服裏面的肉身來成佛，這個肉身大家都是一樣的。

　　五祖弘忍這是故意要刁難一下六祖，再驗一下他的根性，只有這一種可能。五祖弘忍這種大德，不可能由衣著來看人，絕不可能。如果他是那樣的人的話，他絕不可能收六祖惠能為徒，也絕不可能把衣鉢傳給六祖惠能。五祖弘忍為什麼要故意這樣說，他的用意在哪裏呢？前面第一句，是看惠能有沒有願。這一句又是在看什麼呢？就看惠能有沒有「慧」。有慧根的人，他才能看到事物的本質，他才不會被事物的表面所迷惑、所困惑。五祖弘忍這一句，就是再看六祖惠能這個獦獠、這個魯蛇，到底能不能承載他自己所說的大願，他有沒有那心力，有沒有那「慧」。如果是沒有智慧的人，那他就會被外表所迷惑，他會解釋。只要一解釋，就說明不夠自信、有自卑，還會被自己的客觀環境，被外在的呈現，被不如別人的地方所困惑。五祖弘忍，第二句話就是再探，惠能願有了、專有了，有沒有慧？無慧，沒有慧根，一樣是不可教。有願的人多了，有願而無慧，那叫妄想、狂妄，沒有底蘊和內涵。

所以，五祖弘忍藉由這句話來測六祖惠能，這個魯蛇、獦獠，看他到底是不是一塊可造之材。透過六祖惠能對這一句話的回答，就能看出他到底是一塊什麼材料，他到底是敗絮其外同時也敗絮其中，還是敗絮其外但金玉其內。聖人言簡意賅，沒有多餘廢話，每一句問話，每一句對答，都有極深的意義。他不容你去考慮太多，你真實的東西就會露出來。而六祖惠能想都沒想，脫口而出「人有南北，佛性無南北」，直接就說「你別看我穿一身破衣服，我就是個砍柴的，現在是社會最底層，但是我就是佛，我就能做佛。」他完全沒有因自己不識字而自卑，完全沒有因自己孤兒老母、身處社會最底層的家境而自卑，沒有任何自卑。這種肯定，是哪裏來的？這就是根性，叫慧根。他有慧，就是不被自己的外表、現有的外在客觀環境困惑，這就是慧根。五祖弘忍就是在探他的慧根，看他的根性。

六祖惠能又說：【「獦獠身與和尚不同，佛性有何差別？」】這話多犀利啊！惠能是來拜師的，結果師父一說話，惠能直接就嗆回去了。「獦獠身與和尚不同」，要知道在古代，和尚的身分是最尊貴的，比達官貴人、比國王，都要尊貴，國王、皇帝見到高僧大德也得行跪拜之禮，反而和尚、高僧不用跪拜君王，和尚與獦獠更是天高地遠。「我們的身分雖然不一樣，你在天上，我在地下，但是我們的佛性可沒有差別。」這話太犀利了，也就是惠能的慧根太強大了。

【「五祖更欲與語」】，這一下勾起了五祖的興趣，可找著一個

能說話的。別的一千多弟子，聽不懂，沒有能跟五祖聊天的。沒有哪個弟子的境界能夠達到五祖弘忍的高度，五祖有點曲高和寡。一下見到了惠能，五祖想跟他多說幾句，還想跟他再對一對，心說「這小夥子行啊，不錯呀！再跟他對兩句。」但是，【「且見徒眾總在左右」】，一下看見神秀等一千多弟子在旁邊，面色已經變了。想像一下當時的場景，惠能雖然說一身麻衣，而且是破衣，但是他的狀態、氣質可不一般，說出的話境界肯定也不一般。

旁邊的這些弟子，已經跟五祖弘忍修行多年了，而且是專業出家修行，身家性命都不要，脫離了紅塵。古代要出家當和尚跟現在可不一樣，古代只要出家了，就再也見不到父母、兄弟姐妹。一旦出家，走了以後就決不允許再回家。絕不是像現在的和尚，農忙的時候回家農忙，結婚的時候回家結婚，生完孩子又回來做和尚，絕不可能的。那個時候，得把性命都用在學法上面，身家性命都得放下，脫離紅塵是真脫離。

老弟子這樣進山跟五祖弘忍學法學道，學了那麼多年，都沒學出啥東西來，都沒摸到門徑，突然一個獦獠，社會最低下的、他們都瞧不起的、一個打雜工的人，師父居然能這麼看重他、喜愛他。五祖弘忍一看，這些老弟子們面色不對。大家心裏都咯噔一下，「哎呀，師父是不是得把密傳的東西教給他？是不是他可以學這些東西了？我們這麼多年都學不到的師父的東西，是不是他會學？」或許就會開始恨

惠能，羨慕、嫉妒，然後就恨，這是人性。

　　通佛理之人必是通達人性、人情。如果連人性都不懂，連人情都不通達，你說你通曉佛理，誰相信呢？不可能！為什麼？佛法、道法、儒學，這些學問都是在告訴我們宇宙自然發展的規律和趨勢，人是宇宙萬物其中之一，如果研究宇宙萬事萬物發展規律和真相的人，對人性和人情都不通達，那是在研究什麼呢？

　　不管學佛、學道、學儒、學基督，首先研究的是人，人是怎麼來的，人的發展規律是什麼，人的整個生理構造，包括心理運作是怎樣的。人是個小宇宙，人研究明白了，宇宙也就研究明白了。人還沒搞清楚，就說把宇宙研究明白了，不是騙人、騙鬼嗎？人與人之間到底是什麼樣的關係，包括人本身，是修行修道，也就是「道」的最重要的組成部分。所有的修行，必是從人起修，必是從人與人之間的關係起修。

　　把人修通了，再修人與事之間的關係，也就與我相關的、在我身上發生的事，其真諦、真相、規律是什麼。再往後才是修人與物之間的關係。物即是我所能感知到的山河大地、日月星辰、萬事萬物，與我到底有什麼關係。這樣一層一層的來修，才是真正的修道，即人、事、物與我的關係。

　　我們沒有修行的時候，我們看到的人與人隔絕著，都是獨立的。即你是你，我是我，我與你相互隔絕。我是一個封閉的、獨立的個體。我和人，即其他與我之外的人，是沒有交集的；如果有交集，也只是

一種交易，或者是情感的交易，或者是金錢的交易，或者是能量的交易，都是交易，有利益才能發生關係。這時就叫凡夫、凡人。

而且現在所有發生在我身上的事，不管是財富、情感、健康，還是事業、計畫等等，與我相關的，都覺得是外人給我們的、或者是外人強加的。事與我的關係，僅僅是我想做成或者不想做成；想做成的努力去做，不想做成的就努力不去做成，還是交易的關係而已。我對事情的理解就是趨利避害，和事之間的關係就是，對我好的，就嚮往、做成它；對我不好的就遠離它、避開它，這是凡夫對事的狀態。

然而修道的人，他必是能知道人與人之間到底是什麼關係，就是從這裏起修。《六祖壇經》後面就會告訴我們，人、事、物到底什麼關係，並且藉由這些關係的整合，不斷的修，我才能與人、與事融為一體。

而聖人、得道之人，是怎麼樣來看待人與事之間的關係呢？在我身上發生的每一件事，都有它的成因和根源，成因和根源是什麼，又代表著什麼？透過與我相關的這件事，我能看到什麼？這就是修道的一部分。修行以後，就能把人和事整合起來，融合為一體，最後就能達到一個境界：所有與我相關的事，我都能掌控。

而現在掌控不了！比如，開車一出門，遇到綠燈正常通行，另一邊一輛車闖紅燈，「碰」一下把你的車撞了。你說這人缺德，怎麼闖紅燈呢？撞車這件事是與你相關的，發生在你身上的，但是你現在沒

有修道，你現在不知道其中的道理，你看到的就是這人闖紅燈，或者一個人喝酒了，酒醉駕駛闖紅燈，把你撞了，問題、責任全在他，他得賠償你。如果這樣來看待這件事的話，你就是凡夫。以後會不會再發生類似的事情，什麼時候發生，你也不知道！也許下個紅燈又被撞了，你也不知道。這就是你現在與事之間的關係，你左右不了。

真正的聖人，要發生在自己身上什麼事情，他是知道的，甚至是能夠左右的。是不是聖人就永遠都不會發生撞車這類事？不。就算發生了這一類事，他馬上就能透過這類事知道更深的意義。一件小事，就是一件要發生更大的事的徵兆和苗頭。真正的聖人，藉著周圍微細的變化，就能知道宏觀大事的趨勢，要出現什麼問題，這就叫見微知著。這都是我們古人的智慧，最後做到人與事之間相融合，融為一體。這是修行的一部分。最後實現，我能夠掌握事，做計畫，甚至是國家與國家之間的戰爭，都在我的運籌策畫內。這不是邏輯、不是分析、不是推理出來的，而是瞭解了宇宙的真相、宇宙的規律之後，就能做到見微知著。

第二節｜智慧流露　學以致用

我們為什麼要修行，為什麼要學《六祖壇經》，為什麼要學佛、學道、學儒？就是為了要做到我掌控著自己的命運。如果有機會掌握

了這套規律，我就能掌握公司的命運、企業的命運、家族的命運，甚至國家的命運、民族的命運。這是我們學這些經典、學這些規律，學道的意義所在。也就是，你的願是什麼？如果你想平安，你學了這些經典，學了這些規律，你就一定能做到平安；如果你想富足，你就一定能富足；如果你想為民族和國家崛起而努力，你就一定能做到這一點。學道的目的就在於此。

一定要記住，不管什麼學問，一定要學以致用。必須得用，在現實中不能空談理論，那叫空談者誤國。學了學問不知道實踐，不知道學的東西用在哪裏、怎麼用，就證明並沒得到明師的指點，學的東西就都是空的，用不了。明師不僅會傳道，還要授業。授業，就是教你落實的方法和手段，讓你真正能夠化解人與人之間、人與事之間、人與物之間的關係，整合人、事、物。人、事、物即是整個宇宙，整個宇宙和我的關係是一層一層的，有人、事、物多個層面，當我和宇宙都整合了，就能做到一切為我所用。到那個時候，我們的生命、我們的命運，都掌握在我們自己的手裏。這就是得道之人，也就是佛、聖人的境界。

五祖弘忍很喜歡六祖惠能，「更欲與語」，想再跟他探討。一看旁邊的人臉色不對，知道不能再說了，再說的話，可能對惠能就會有傷害。五祖弘忍絕對是通達人性、通達人情。五祖雖是那裏的老大，應該為所欲為，想幹什麼就幹什麼。可真正通達人性、通達人情的人，

一定會顧及周遭、平衡各方面。他要保護惠能，也不能說神秀他們就是錯、就是壞、就是惡。那是人性，在人性面前，不要說善惡，沒什麼叫善和惡。

【乃令隨眾作務】，五祖想跟惠能接著說，一看旁邊人臉色不對，馬上止住，只是說：「你能幹點什麼呢？既然是打柴的，那就做點雜務去吧。」讓負責內政的帶惠能去做雜務。惠能一聽，不幹了：「幹什麼？讓我做雜務？我是來學佛的呀，我不是來做雜工、找工作、混口飯吃的。」惠能馬上說：【「惠能啟和尚」】就是「我有話對和尚講」，這裏和尚是尊稱。

【「弟子自心常生智慧，不離自性，即是福田。未審和尚教作何務？」】「弟子自心常生智慧」，這是什麼意思？字都不識的人還常生智慧？什麼叫常生智慧？他的智慧怎麼生出來的？這句話非常重要，須得看明白，深刻理解。惠能這個時候，是不是還沒「修行」啊？他還不知道怎麼「修行」。但是這話一說出口，你覺得他是不是在修行中？常生智慧是果，也就是他說那時他的狀態是自心常生智慧，就是一種智慧流露的狀態，也就是靈感常常迸發。

那現在有沒有常生智慧的人呢？智慧流露，這種流露是自發的流露、自然的流露。所謂流，就不是憋出來的，不是練出來的。自心常生智慧，智慧即靈感，歷史上所有的發明家、大科學家，就是這種狀態。愛因斯坦是不是常生智慧，特斯拉是不是常生智慧啊？

愛因斯坦的相對論，是不是就是智慧的結果？而「相對論」是怎麼來的？是愛因斯坦刻苦研究物理學，最後突破瓶頸，掌握了「相對論」嗎？看他的傳記我們就可以知道，愛因斯坦沒學多少物理學，也沒好好上過大學，而且是典型的自閉症，生活都無法自理，學習極差。在國外上大學是申請制，差不多程度的就能申請大學。愛因斯坦喜歡物理學，也想學物理學，但他高中畢業之後，申請大學入學，以及大學畢業後的求職申請，都被拒絕了，原因是成績太差。

　　在二十世紀初，1900 年左右的時候，整個物理學界正落入最低迷、最瓶頸的時期，牛頓開啟的宏觀物理學（經典物理學），在經過了二三百年的發展之後，1900 年左右達到了巔峰，已經發展不下去了。這個時候，整個物理學都需要有巨大的突破，所有的物理學博士，所有的物理學實驗室都在拼命研究，從哪個方向可以突破，再開啟一片新的物理學領域。當時的所有物理學家，都在研究這個問題。

　　愛因斯坦，一個大學都沒好好上過，工作都找不到的小年輕人，才二十幾歲，為了養家糊口到專利局去做了個技術員，為了生活、生計，根本沒有時間好好研究物理。26 歲那年剛結婚有孩子，有一天愛因斯坦跟他老婆和朋友一起吃午飯的時候，吃到一半，突然放下碗，跑到樓上臥室，把門一鎖，三天沒下來，三天三夜不吃飯也不睡覺，到第四天門一打開，一部完整的「相對論」出現了。到現在，這部「相對論」一個字都沒有修改過。隨後所有物理學界包括愛因斯坦，就做

一件事，即驗證「相對論」。

從此之後，打開了現代的量子物理學，也就是微觀物理學的大門。全世界所有的物理學家，都在想辦法打破瓶頸，都打破不了。但是愛因斯坦，就這麼一個 26 歲的自閉症患者，沒有什麼高級文憑，是不是跟六祖惠能有點像啊，他的這套「相對論」是怎麼出來的呢？可不僅僅是「相對論」，愛因斯坦在 26 歲的時候，在物理學界最頂級的《物理學雜誌》上，連續發了五篇研究方向不同的論文，每一篇論文都能獲諾貝爾獎。為什麼只有一篇論文獲得諾貝爾獎呢？因為其他的論文大家看不懂，不知應該劃分到哪一類，而且尚未經驗證。「相對論」發表出來的時候，世界上只有三個人能看懂。愛因斯坦的智慧是怎麼來的，這種靈感是怎麼來的？這是一個謎。而愛因斯坦的這種狀態，就是六祖惠能在這裏說的「自心常生智慧」。

惠能是在跟五祖弘忍彙報他的境界，五祖弘忍一聽就明白了。告訴大家，修佛法、修道法或者儒學，如果你修的是正法、正路，當你修到一定程度的時候，一定會出現這種境界。有人說那樣我就能成為愛因斯坦？是的，有可能。還有特斯拉等等，在這裏不講太多，舉一個愛因斯坦的例子，大家是不是大概就清楚了，什麼叫「自心常生智慧」的境界。他們就是這種境界。

其實在我們身邊就有這樣的人，只是他流露出來的智能和靈感，不像愛因斯坦能轟動整個物理學界，能改變人類的整個發展方向。一

般人的沒有那麼大的影響，但是也有突然間流露出來，有的人在音樂方面，沒怎麼學過，但一接觸就像大師一樣；有的人是在繪畫方面，有的在書法方面，有的在寫作方面，比比皆是，類似的例子其實挺多。當你聽到了這些人之後，你一般也就感慨人家有天賦，羨慕一下就沒了，好像跟你沒關係。這就叫不求究竟，不想、也不探討所謂的天賦、靈感是怎麼來的。如果我們仔細探討愛因斯坦的整個模式，他從小到大的生活模式、思維模式、行為模式，看他跟六祖惠能來對比，就能對應的上，你就會知道愛因斯坦這種靈感的流露，所謂的自心常生智慧，絕不是偶然的。聖人之間必有相似之處，也就是說成聖之路只有一條；就凡之路千萬條，千千萬萬條路讓你成為凡人，而真正的成聖之路一定只有一條，誰走上這條路，誰就能成聖。走不上這條路的，要嘛成魔，要嘛成為凡人。真理只有一個，沒有二，不管你用什麼語言來表述真理，不管你從什麼角度來描述真理，它只有一個，絕沒有第二個。

以後有機會的話，我們可以比較一下愛因斯坦和六祖惠能。現在我們知道的，只是他倆外在的身分和社會地位差不多，甚至愛因斯坦比惠能還慘，因為愛因斯坦有自閉症，學習極其不好，而六祖惠能不識字，這方面兩人有一拼，兩人的工作性質有一拼，家庭背景也有一拼。但他倆的共通之處是自心常生智慧，愛因斯坦生出的是物理學的智慧，六祖惠能生出的是佛法的智慧。愛因斯坦改變人類的命運，六

祖惠能有沒有改變人類的命運呢？有的，是從不同的角度改變人類的命運。

其實就一句自心常生智慧，能舉出好多的例子。人類歷史上科技的發展、哲學的發展、思想的發展，都不是積累來的，都是某位聖人在某個階段突發靈感，就好像基因突變一樣，一下子就改變了整個人類的進程，人類的歷史就是這樣來的。所有的芸芸大眾都在做一件事情——積累、熟練，依靠熟練，依靠積累，然後有一些感悟，然後一點一點循序漸進，這叫大眾，這叫凡人。凡人改變不了歷史，做不了歷史的轉折點。真正改變歷史的必是聖人。

聖人是怎麼練成的？他們一定是有相似的認知、相似的觀念、相似的思維模式、相似的行為模式。聖人的成功之路、成功模式其實只有一種，就是我們後面要學習的，而不成功的凡人模式有千萬種。

六祖惠能一句話就講明了自己的境界，一句廢話沒有，這就是高手過招，多餘的一個字都沒有。五祖讓他去打雜，而惠能先不說打雜的事，避而不談，先把自己的境界告訴師父。一句話「自心常生智慧」，他是在告訴五祖弘忍，我修到智慧常自流露這種境界已經不低了，「我已經是這個境界了，你說你安排我做什麼？」惠能在討價還價，就像面試似的。

五祖就像在說，你看你這一身破衣，連工作都沒有，你來我這裏

面試，想面試什麼呀？你就去掃地去吧。惠能就像說，我是來應聘總經理的。儘管一天總經理沒幹過，以前就是個砍柴的，但是我內心知道自己具備幹總經理的能力，是不是得說一說自己具備什麼能力呀。於是，惠能一句「自心常生智慧」拋出，表明自己已經是這種境界了，看五祖怎麼應對。而這句話一出口，五祖身旁的神秀等弟子，肯定是聽不懂的，不知道什麼是自心常生智慧。他們的修煉方式就是積累，天天打坐、行善、放生，天天在積累，以他們的所做，是理解不了惠能所說之話的。

第三節｜專注自心　定慧一體

先說境界，緊接著第二句，六祖惠能馬上告訴五祖，他是怎麼修練的，即「不離自性」。這句話的意思，就是我自心常生智慧，而此智慧是怎麼出來的？是練出來的，但是六祖惠能當時是無意中的練，沒有體系沒有傳承，是憑感覺在練。就像愛因斯坦，他練過佛法、練過道法、練過修行嗎？肯定是沒有。但他為什麼能達到自心常生智慧的境界呢？

這就是前面所講，聖人的行為模式、思維模式是類似的。比較一下六祖惠能和愛因斯坦，看看是否類似。六祖是不離自性，愛因斯坦是自閉症，自閉症就是與世隔絕，這種與世隔絕可不是有病，而是做

事特別專心。別人跟他說話，他根本不理，不說那麼多廢話，不耽誤時間，他在想他的事情。長此以往愛因斯坦就像自閉症了，媽媽叫他吃飯、叫他出門都聽不見，不想耽誤那麼多時間。再看，六祖惠能怎麼做事？只求作佛不求餘物，心心念念都是怎麼作佛，任何與此無關的事情都與我無關，是不是也就是所謂的自閉症。我們想一想，他長到二十多歲，就知道打柴，小夥子有點出息的想法嗎？不能找點別的工作，找個賺錢多一點的工作，來養老母親嗎？但他別的一律不做，就知道打柴，從小就上山打柴。打柴是最簡單的工作，打完之後背下山來，賣掉後回家吃飯，最簡單。為什麼不想種地啊、做生意啊、做手工等等，都比打柴強，為什麼不換一份工作呢？就像所謂的自閉症，與人隔絕，與世隔絕。然而，雖然惠能不找別的工作，但他一聽《金剛經》，立刻不遠千里到黃梅找五祖弘忍，換工作了。可見惠能這種人極其的執著、專注，馬上打柴的工作不幹了，老母親安置好就放下了，直接就來黃梅，因為他心心念念的就是作佛。

不離自性，除了「專」之外，還有什麼意思呢？惠能每天都是怎樣修？菩提自性本自清淨，自性是清淨，不離自性就是不動分別。前面在講，惠能為什麼不換換工作？換工作是不是分別？到藥店學藝，比打柴好、賺錢多，這是不是一種分別？藥店賺錢多，突然發現在雜貨店更好，再學一門手藝豈不是更好……如此就在不斷的分別，不斷的轉換，這就是凡人。不斷的在分別，不斷的在比較，分別即是比較，比較然後取捨，在取捨的過程中不斷的執著，執著於好。不斷的比較，

不斷的取捨，不斷的執著，有執著之後就有妄想，怎麼能更好？就這樣一點一點的落入了執著與妄想之中，就成了凡夫。這就不是不離自性了。

　　菩提自性本來清淨，清清淨淨的心，才是不離自性。時常能保證自己處在清淨的狀態下，怎麼達到清淨的狀態，即直心是道場。不動，專注於成佛之願，對世間的一切不做比較，沒有取捨，不執著於世間一切所謂好壞、善惡、美醜。能經常如此專注，就可不斷放下分別之心，沒有比較之念。如果經常保持這種狀態，自然而然就會達到自心常生智慧的狀態。並非我不比較，我就不識善惡、不知美醜、不識好壞。知，但是不去動念。放下分別，放下比較，看到即看到。不是因為它好，我才取、才求、才爭取它；也不是因為它壞，我才去迴避它。儘量放下這些所謂分別、比較……如此一段時間過後，你就會感受到自心常生智慧的境界和狀態。靈感自然就來了，是自然而然來的，不是分析、推理來的。

　　所以說，聖人的模式就一個。愛因斯坦是這樣吧，他比較什麼？給他住一個草房子，旁邊就有個大別墅，愛因斯坦絕不會抱怨，為什麼不給我住別墅，為什麼給我這個草房！所謂他生活無法自理，其實不是無法，而是無需自理。吃飯，給他麵條或者紅燒牛肉，問他：麵條太單調，有紅燒肉了，好吃嗎？……愛因斯坦的回答無非：「啥！嗯！噢！」如果愛因斯坦變成今天說「哎呀，這個牛肉真好，晚上我

們吃魚吧」，「明天吃螃蟹怎麼樣，但我要研究一下現在是不是吃螃蟹的季節」，把精力都放在吃上了，研究了大半天說「明天應該吃蝦」，而且得是在特定地方買的某一種蝦！這樣還是愛因斯坦嗎？能成為愛因斯坦嗎？這樣的人就是普通人，是你身邊的老公、老婆，天天研究做什麼好吃，穿什麼好看。這就是凡人模式和聖人模式的區別所在。

所以我們要學習經典，學習古人祖先的大智慧，學的是思維模式，學古人祖先是怎麼才能成功。要知道，我們現在是凡人，知道了聖人的模式以後，我就要轉變凡人的模式，向聖人的模式靠近，這是我們學法修道的意義所在。改變凡人的模式和習性，靠近聖人的成功模式，而後不斷的強化，這是一個修行的過程，這個就叫修煉。

不要以為修煉、修行就是一打坐、一入定，然後智慧突然就來了；以為念念佛、念念咒，呼的一下就有大神通了，然後就前知五百年，後知五百世，那都是胡扯。還是凡人模式的時候，怎麼可能有大智慧呢，智慧如何能流出來呢？你好像打坐了三個小時，一下坐就問「老婆，今天吃什麼？我不是跟你說了吃茄子，怎麼又做豆角了？」在坐上時，看著好像定下來了，看著好像放下了；一下坐，就落入凡人的模式，就開始對比、比較，心就跟著環境不停的動，怎麼可能成功呢？天天坐，能坐三天三夜，也都沒用。

如果上坐的時候你是聖人，出坐你就是凡人。上坐入定的時候你在天上，出定下坐了你就回地上，就落入地獄了。那到底你上坐入定

的時間長，還是出定下坐的時間長呢？所以好多修行人容易分裂，上坐入定的半小時在天上，一出定、一下坐，又落入人間，或者到地獄了。結果，一天二十四小時，二十二小時在人間和地獄，一個小時在天上，所以非常分裂。要在地獄就一直在地獄唄，習慣了也就適應了。結果一會兒天上，一會兒地獄，最後搞得分裂了。

理不通的情況下，你覺得打個坐就能入定嗎？入定是什麼意思都不知道，以為打坐時好像靜下來了，就叫定。其實根本就不是那麼回事，真正的定不是那樣求的。六祖惠能也沒有所謂的「入定」，但是能做到就在定中。這四個字就表示出來了，什麼叫就在定中——不離自性。不離自性，即在定中啊。

什麼是定？《六祖壇經》後面有詳細的講解，到底什麼叫入定，什麼叫定。無定就無慧，有定才有慧；有慧才有定，無慧即無定。定不是打坐打出來的，不是讓自己放空練出來的，定必是在慧的基礎上才有定，慧是在定的基礎上才有慧。能理解嗎？說能理解即是沒理解……定在慧的基礎上，慧又在定的基礎上，到底哪個在先？所有傳統的修行方法，都是定在慧先，定是慧的前提。就是要想有大智慧，必須得先入定，然後才能有慧。這是錯誤的，先定後慧是錯誤的！無慧絕無定，無定絕無慧。就像我的一隻手，有手心和手背。那能告訴我，是先有手心還是先有手背嗎？手心和手背，一個是慧，一個是定，定慧一體，不可分割。有慧的同時自有定，有定的同時必有慧，缺一

不可，是共生的一體。《六祖壇經》後面會講到。

這裏提前講一下，是為了講「不離自性」。當不離自性的時候，沒有比較、放下分別了，這個時候自然就是一種定境。當你時時刻刻處在定境的時候，自然就會有慧出來。所以，沒有所謂的一種定，是「一打坐，我入定；之後定到一定程度，達到四禪八定，某一天進入甚深定境的時候，突然一下大智慧就出來了，然後我就是大佛了」。這樣，你就成魔了。這樣練是魔出來了，絕不是佛出來了。

六祖惠能這兩句話含義有多麼深，一句「不離自性」就把他平時是什麼樣的思維模式、行為模式直接告訴了師父。六祖兩句話說得簡潔，可咱們要想表述這兩句話，用幾個小時，還不一定能說明白。

六祖一句「自心常生智慧」，說出境界，「不離自性」指出平時如何起修、如何做的，這其實就是聖人的模式。五祖弘忍立刻就聽懂了，惠能之意是「平時我求的不是升官發財，不是健康平安，那叫福田。我求的是不離自性，對我而言，不離自性即是福田。最後我沒得到錢，沒求升官，沒求健康，也沒求平安。但我得到了智慧，我求的是智慧，我把智慧當作我的福田。我都達到這種境界了，和尚師父，你看該給我安排點什麼工作呢？至少得是 CEO 吧？」結果他師父怎麼回應？

大喝一聲，「給我打雜去吧！」

第五章

根性大利汝更勿言

經八月餘令人不覺

　　六祖惠能這樣問五祖弘忍，五祖弘忍一看不能再說下去了。六祖惠能本身是自心常生智慧，開口就是至理名言，開口高度就不一樣，境界就不一樣。五祖弘忍覺得如果再這樣說下去，惠能比這一千多弟子的境界高得太多，怕引起他們的嫉妒，所以就故意佯裝生氣，【祖云：「這獦獠根性大利。」】意思是：「這個魯蛇，太有棱角了，棱角太分明了。」也確實訓了他一下。

　　六祖惠能當時，確實在人情世故、在人性方面，沒有考慮那麼多，直接開口就流出了智慧。但是，五祖弘忍要保護他。如前面所講，真正有大智慧的人、真正的聖人，不會嫉惡如仇，也不會過於圓滑；既不會特別方，也不會特別圓，更不會任性，不顧人情、人性。真正的大智慧者一定會修成外圓內方。外圓，是隨順人性人情，圓融才能無礙，只有圓才能融，人情世故不僅僅是針對人，針對事、針對物都是一樣的。

　　我們為什麼要學這些智慧，為什麼要學人情、人性，為什麼要學萬事萬物的規律和發展的趨勢？知道真相、規律以後，就能掌控。有的時候隨順，不硬抗、不硬頂，但是在隨順的過程中就掌控了，這是一種順勢而為。聖人、大智慧者，一定是往這條路上走，而絕不會是越走越偏激，越走越偏執，最後成魔。

我們從五祖弘忍處理與六祖惠能剛一見面時的這一件事，就看出了五祖弘忍對人情世故的掌握。本來他是師父，弟子想法如何應該無所謂。如果沒有大智慧的師父，弟子願意怎麼想怎麼做都可以，我是師父我說了算，我想怎麼樣就怎麼樣，這樣的師父就做不到圓融。

　　只有圓融，才能無礙。我們在世間做人做事，都在追求如何順，怎麼才能沒有小人來害我等等。如何才能無礙呢？首先要圓融，僅有圓融還不夠，僅有圓融就會隨波逐流，就會從眾，為了妥協而圓融，這樣你就是弱者，這不可以。圓是有條件、有前提的，要有原則和底線，也就是內有方、外有圓。

　　所以，五祖弘忍就是在保護六祖惠能。因為惠能本身沒有任何的背景，孤身一人到了黃梅寺，又是魯蛇又沒有錢，前面那麼多的師兄弟，如果他敢嶄露頭角，鋒芒畢露，必會受師兄弟嫉妒，搞不好會害死他，這就是人性。有人會問：「人怎麼這麼壞呢？修行人怎麼這麼壞呢？」其實人，無所謂什麼樣的人，當我們對待人的時候，把人前面所有的定語去掉，什麼修行人、好人、壞人、這個人、那個人，去掉前面的定語，人就是人，人性就是人性。

　　修了那麼多年，難道人性就沒有改變嗎？記住，人性改變不了，只是外界的環境改變。人性是兩面的，不能說人性就是好，也不能說人性就是壞，人性根據環境是在變化的。也許有可能，六祖惠能這個魯蛇沒來黃梅前，大家都非常好、非常謙讓、非常圓融。此人一來，

師父對他開始重視，要傳密法給他，原本每一個人都希望師父重視自己，可師父偏偏重視一個最讓人瞧不起的人，這就有可能會激起其他弟子內心的嫉妒。

羨慕、嫉妒，然後就是恨，這就是人性。這些能不能透過修行來消除？可以但很難！修行的確就在修這個，但是要把自己的習性、本性的東西，徹底修到消除，沒那麼簡單、容易。要真修沒了，你也就修成了。

五祖弘忍對他這一千多弟子，心裏是有數的，他不會因為弟子羨慕、嫉妒、恨，甚至去害惠能，就覺得弟子是大壞蛋，他也不會刻意去激起人性當中所謂的不善和惡，造成這種人性上的衝突。為師者也要體諒弟子。

現實職場上的上司老闆、主管，經常不注意這類事。認為我是老闆、我是上司，我喜歡誰就重視誰，就要對誰好，常不顧及其他下屬的感受，往往造成下屬之間的衝突、算計，最後搞得分崩離析。

修煉不是為了與人性作對，要隨順，然後在隨順的基礎上加以利用，順勢達成自己的目的。有人會說：「修行人不是要直嗎？不是得純嗎？想怎麼樣就怎麼樣啊。」錯了！如果那樣理解直的話，是傻不是直，也不是純，那不是智慧。直，是一種智慧，這種智慧我不用頭腦去考慮，不用意識去分析、判斷、推理。然而，智慧流露出來的時候，每說一句話，每做一件事，尋求的都是平衡，絕不會偏激。直、坦率，

並非就是不顧及對方，有什麼就說什麼。好比老闆穿了件衣服，自己紅綠搭配覺得挺好，你一看來一句：「紅配綠，太醜了！因為我學了直心是道場，我就是直，就是坦率。」這不叫坦率，也不是直，不要搞錯了。直心是道場，是一種智慧，是一種平衡的智慧。

五祖弘忍在這種情況下，直接呵斥六祖惠能，根性大利不是表揚他，而是說「這獦獠尖牙利齒，狂妄！你怎麼跟我說話呢，我讓你做什麼就做什麼去！」這是在批惠能。【「汝更勿言」】，「不要再說了！」【「著槽廠去」】，「馬上幹雜活去！」在保護他的同時，五祖弘忍其實也在觀察他。六祖惠能這麼利的根性，來拜師之前境界已經到達一定程度，就差一層窗戶紙，點破、點透最後這一步。境界已經這麼高了，為什麼還要打壓他？

因為僅有境界不行，還成不了，還得有好的心態。如果天天憤世嫉俗，心態不好，你再聰明、再有能力，在世間照樣一事無成。讓你做什麼事，不是會把事情做好，而是會做糟。能力越強，搞不好危害越大。成功有兩個最基本的條件，能力是必須的，但更重要的往往就是自己的心態和 EQ 情商。

什麼叫心態？內心不會隨著外境波瀾起伏，心態平和，同時應對到位。禮節是應對中最基礎的，有的人有能力但不講禮節、看不起人，總覺得自己是學霸，別人是學渣，別人都得向他學，對他畢恭畢敬。這樣的人，情商很低，心態平衡不好。做任何事情，自己能做的來嗎？

什麼叫能力？比如說：我出個計畫方案，半個小時就拿出來了，其他人得三天，我能力比其他人強。是的，你的能力是比別人強，你寫計畫快，頭腦轉得快，但是執行計畫的時候，都是自己執行的嗎？還不是得帶著團隊，需要各式各樣的人，這些人中可能很多都是學渣，卻在電腦技術方面非常厲害，或者在公關方面很出色，只是考試不行。所以，最重要的能力是整合的能力。不僅要有智商，更得有情商，智商和情商合起來，才是能夠成功的前提條件。

　　但是一般來講，我們如果沒有走入修行之門，是很容易偏的。情商很高的人，仗著自己的情商，不注重腳踏實地的能力，就會做事浮於表面，沉不下去。智商高有能力的人，往往不顧及別人的感受，他會很自信，「你們離不開我，有我在事就能成，沒我事就成不了」，狂妄不注意別人的感受，對人情世故、人性就不去在意，只是鑽研技術。你光有技術，沒有人情，你就是一個匠人，無法帶領團隊作戰，不能把別人的主觀能動性發揮出來，就做不成事。

　　人類社會是個群居的社會，是共同協作來做事的。所以，真正的能力，哪怕我們的智商稍微差一點，或者某方面能力稍微弱一點都沒關係，有情商可以彌補。我們修行人就是要看透本質，修這種平衡。真有這個平衡在，事就成了，自然就會體會到什麼叫做「圓融」，然後無礙。

　　現在我們可以自己反思，在現實中，不管是在做事業，還是在家

庭中，都是如此，都要平衡。很多家庭，老公在外工作賺錢，老婆在家帶孩子，老公覺得我是家庭的唯一經濟來源，回家之後完全不顧及老婆和孩子的感受，覺得自己是家中老大，老婆孩子離開自己就活不了，這就是沒有情商。老婆在家忍氣吞聲，感覺寄人籬下，這樣的家庭不可能和諧，不可能圓融，就會有障礙。所以不管在公司做事業，還是在家庭裏，我們都要平衡。即使是家庭的主要經濟來源，也得顧及另一伴的感受、孩子的感受。沒有另一半消除後顧之憂，照顧好家庭，照顧好孩子，如何安心在外賺錢啊！

社會為什麼規定，結婚以後賺的錢，夫妻雙方一人一半？你不過就是前線，沒有大後方的穩定，能有你前線的勝利嗎？就是這個道理。當我們不去想、不反觀的時候，隨著慣性、隨波逐流就去做，那就是凡夫。反觀的過程本身就是修行的過程，尋找平衡的過程，這樣是為了讓我們做人、做事能夠更加無礙。

從這個角度再來看，五祖弘忍和六祖惠能剛見面時的應答、應對，一字廢話都沒有，都有其深意，包括五祖弘忍的表情變化，內心大喜，「可有一個能接衣缽的弟子了！」但是表面上，憤怒！這是演技派。真正的高人，真正的大智慧者，那一定是順應時勢、絕不強求。

五祖弘忍是佛門高僧，我們都知道一入佛門有五大戒，第一大戒就是「戒妄語」。那看一下五祖弘忍有沒有妄語，他內心的感受和他說出來的話、表現出來的形式，完全不一樣。什麼叫不妄語？就是表

裏如一，我想什麼就說什麼，我是什麼就是什麼，真實嘛。但是，如果你就守著這個戒律，我就得真實，我絕不能騙人，我內心有什麼我就得表現出什麼，表裏如一。那你在現實生活中會是什麼樣子呢？看一看五祖弘忍，怎樣來隨順。為什麼要這樣？戒律也不是死的。《六祖壇經》後面對戒律怎麼看待、如何守戒、真正的戒是什麼，是有詳細解說的。

在這裏只是告訴大家，戒律、真正的戒，不是你想的意思：這個事不能做。不是那麼簡單，不是那麼絕對，如果絕對就偏執了。我們修行，修的是一種解脫，解脫也不是任意妄為，但是解脫是前提。不是說修行就是一進佛門幾大戒律，然後三百六十五小戒，把自己的言行各個方面全都給制約住。我們來尋解脫，結果這些戒律就像繩子一樣把自己綁死了，還解脫什麼呀？

對戒律的解讀，《六祖壇經》後面會詳細講解。在這裏，只是藉著五祖弘忍這個狀態，來給大家說明戒律不是死的，不是絕對的，它也是靈活的，但是也不能任意任性。就像孔子，修煉修到了七十歲的時候，修到了隨心所欲的境界，但是後面馬上跟一句「不逾矩」。「隨心所欲，不逾矩」，隨心所欲就好像任性妄為，那不是修行的境界。一說修行是解脫，有的人就張狂、狂妄、任性，以前特別壓抑、束縛，一下就走到了另一個極端，特別任性的那個極端。這也不是修行的境界。聖人就是修到既要解脫，同時又要不逾矩的程度，我們修行也是

要到這個境界，在世間游刃有餘，解脫、自在，同時又不招人反感，不惹人厭，不破壞世俗的規矩，與常人無異。

你想想孔子到七十歲的時候，不就是一個普通老頭嗎。從表面上看，他不是那種特別仙風道骨、曲高和寡的樣子，他就是一個很隨和的老頭。但是，你看這個老頭說話、動作、言行舉止，他的做事、寫的文章，再看一看他的心胸和境界，可是不一樣的。看看孔子做的《繫辭傳》，寫的十篇文章《十翼》解讀《周易》，還有《雜卦傳》，這些文章都不得了。但是即使有那麼高的智慧、那麼高的境界，他在現實中就是一個普通小老頭，這才是中庸之道。後面有機會我們會講儒學的中庸，和禪一一對應，佛法即是道法，道法即是儒學，佛道儒所講的是一回事。

第二節 | 超凡入聖　百煉成鋼

五祖弘忍為了保護六祖惠能，同時也要看看六祖惠能的情商和心態、心性怎麼樣。開頭六祖惠能說了我就是來求作佛的，不求餘物。我就不讓你跟我學做佛，你給我去打雜去。他的願望和實際的現實是不是有天差地別呀，打雜在家也能打，還能照顧老母親，還用到這兒來嗎？來這兒不是為了打雜的啊！如果他的心態不平和，看事物看不透本質，煩惱、怨氣就會露出來。現實中有很多能力很強的人，受不

得一點委屈，覺得做很多事有失身分，經常會埋怨說「我不幹」，但實際上你不幹自有很多人幹。自詡能力多麼的強，其實誰的能力不強啊？只是有的人把能力表現於外，有的人深藏於內而已。能做到既有很強的能力，讓別人看不出來，然後又能圓融，這才是成功者的模式。

惠能沒有上過學，沒有什麼知識，沒有什麼文化，但是人家的心性、心態，在這裏面就看出來了。上一句話還跟師父說，「我已經這個境界了」，【「未審和尚教作何務」】，還是這樣的語氣：「我是來求作佛的，我這一看，你的一千多個弟子沒有一個比我境界高的，你是不是得給我單獨傳授啊？我的時間多麼寶貴呀！我是來做什麼的？我是來做佛的，能傳承你的衣缽！我能，他們能嗎？」這個時候，惠能說話還很狂妄。

但是，五祖弘忍一聲厲喝，「你這獦獠！你以為你是誰呀，根性大利，你就知道伶牙俐齒，你差得遠著呢！」又把他打回了獦獠。但是六祖惠能立刻驚醒，前後的語氣狀態是不一樣的。這就是大根性的人，發現有問題了，馬上就轉化。「你這獦獠，伶牙俐齒，汝更勿言，不要再說了，你給找住口，著槽廠去，幹雜活去！」如果六祖惠能沒有悟性，「幹雜活我能學作佛嗎？幹雜活跟作佛有什麼關係？我是來作佛的。」這種話，他再多說一句，此人境界再高都是無用之才，五祖弘忍一定會做一件事，把他趕走。有人會說：「真趕走了，多可惜呀，就沒有傳人了。」這話錯了。聰明的人多了，有境界的人多了，

但是真正有好心態的人，可是不多呀。

所以，古人要想傳密法，要想傳真東西，師父對徒弟一定是有考驗的。首先，得看這個徒弟的資質怎麼樣，是不是這塊材料，他是鐵、是鋼、是銅、還是木頭，是什麼材料師父得先看出來。一看是一塊鋼，但知道了這是一塊鋼，是好材料，也不是馬上就傳密法給他。知道是鋼，也只是礦石的含鋼量高而已，他還不是真正的鋼呢，他有的只是資質而已。然後，古代的師父馬上就開始煉他。礦石最後怎麼能煉出純鋼呢？是不是得經過烈火去烤、去燒。真正的鋼，一定能經受住烈火的考驗，然後用大鐵錘去砸，燒紅了以後，把雜質都敲出去。所以說要經過烈火的焚燒，以及千錘百煉，然後這個弟子才可以說是百煉成鋼。在這個前提下，師父就可以教他了。

發現了好材料之後，千錘百煉又火燒，不是在教他嗎？這不是教他，是讓他成鋼，而教他的過程，是成型的過程。這是一塊鋼了，那這塊鋼可以用在哪兒呢，鋼的性質為何，適合做什麼？一塊材料經歷烈火以及千錘百煉，真正成一塊鋼，然後師父就會考慮做成什麼。僅是一塊鋼有用嗎？沒有用吧，一大塊鋼坨沒有意義，要做成型了才有用。比如，這塊鋼適合做寶劍。所以師父教徒弟真東西的過程，就是把他鍛造成型的過程。經過無數的打造、細敲、雕琢，這就是師父真正在教他的過程，一把鋒利的寶劍就被師父打造出來了。但是，徒弟自身得有相應的資質，又有能經受住烈火和千錘百煉的考驗的意志和

心態，在這樣的前提下，才有可能被師父打造成一把寶劍，才真的有用。

修道可不是去學點技藝、學點知識，修的是人以及宇宙的真相與本質，學的是基本規律，掌握這些真相和規律，就掌握如何做人做事，掌握自己的命運。而且可以教會別人，讓別人掌握他們的命運。你在世上走一遭，到最後閉上眼睛的時候，都不知道誰掌握著你的命運，真是悲哀！這就叫做得過且過、庸庸碌碌、醉生夢死，這一世白活了。

能看清自己、看清宇宙，掌控自我、掌控整個宇宙、掌控自己的人生，這就叫覺者、覺醒者。沒掌握自己的人生，沒掌握自己的命運，就是昏睡著的，就是醉著的，就是迷著的。

為什麼修行，為什麼要上山求道，為什麼要千辛萬苦的去找明師求道？其實沒有那麼神祕，就是為了掌控自己的人生和命運，就這麼基礎、這麼簡單。我能掌控我這一生的命運，就能掌控我這一生結束之後的去向，這就是「跳出三界外，不在五行中」，這就是觀世音菩薩大自在的狀態。這就是我們所求的，要學的。

真有這樣的道嗎？自有人類以來，最有智慧的人都在修行、研究這條路，走向這條路。如果是假，這些最有智慧的人，都在騙自己嗎？不會的。真的有這條「修行之路」，確實有超凡入聖之道。

超凡入聖之道，是很大的一門學問，很大的一個體系。可不是就

簡單的教大家打打坐、念念佛，突然就成佛了，不是那麼回事。這裏面有顯學、有密修、有心法，我在這裏公諸於世，讓所有人都可以看到的，是顯學的部分。顯學必須配合密修，即玄學。如果你只有顯學、只懂理，沒有密修的術、方法和手段，所有的理你學的再明白，現實中用不了，也只是空談。

比方說，你學了很多，當你的家人、孩子生病的時候，你不會用你的所學去給他治病；當你在事業上，遇到障礙的時候，如果沒有密修的術，你就不知道怎樣把你所學的理，應用於事業去破除障礙。

顯學和密修一定是相輔相成的，就像太極的兩面，一陰一陽，缺一不可。但是，顯學可以公諸於眾，可以讓普羅大眾都去聽；而密修絕不可以這樣公開的傳，密修必是當面口耳相傳。禪和密不分家，禪即密，密即禪。單獨的禪，單獨的密，都是不圓滿的。禪、密，還有心法，這是一整套的修行體系。不是什麼都不懂，就念一念「阿彌陀佛」，打一打坐，四禪八定，甚深定境一來，突然前知五百年，後知五百世，大佛就出來了。不可能是這樣的！

要想真正入道、得道，第一，必須得有師父領你入門。有人說：「我聰明，不需要師父，我從經典就能看出來怎麼回事，我就入門了，還要什麼師父？我比那些師父都強。」那你是真不懂。所有的入道、得道，必得有人領你入門。

歷史上沒有任何一個有大成就的人是沒有師父的，是自學的。釋

迦牟尼佛祖，有很多師父。六祖惠能，大徹大悟者是已經修成，乘願再來，也得有五祖弘忍來點化。你是誰啊？沒有師父，就是自己盲修瞎煉，看書上寫著「意守丹田」就意守丹田，書上寫「百日築基」就百日築基，想像小腹下面一寸三有個「下丹田」，裏面有個火爐在燒啊燒……真敢這麼燒一百天，身體肯定得燒出問題來。有人說：「書上寫呂祖修道，都是這麼寫的啊！」書上的字是這樣寫的，但真正練的時候，絕不可以這麼練。任何人這樣練，就會讓自己整個身體的生理機能全都紊亂，這是非常危險的。絕不可以照著書本去修行！必須得有師父領你入門。師父教你的東西可能很簡單，但就是這簡單的東西，絕不是你能悟出來的，必須得有傳承。

如果自己悟了很多東西，然後你就開始講課、教徒弟，這就叫誤人子弟。你自己都搞不明白，自己沒有傳承，居然就拿著自己悟出來的東西去教別人。害自己沒問題，不能去害別人啊，如果害了別人，那種罪過太大了，毀的是人家的慧命。毀人慧命可比毀別人的肉身，罪過都要大啊。

用了這麼大的篇幅，將五祖和六祖師徒之間的第一次對話，把師徒之間的關係講清楚，以後你遇到明師時，心裏就有數，就不會張狂，明師對你必有考驗。這就是我們學這一段《六祖壇經》的意義所在，明白師徒之間到底是怎樣的一種關係。

如果不是明師，只是想騙你的錢，那你再趾高氣昂，他也會忍你，

因為他的目的是騙你的學費，騙你的錢。真正的明師怎麼選徒弟，首先你得是這塊材料，同時心性又得過關。這樣，師徒之間才有可能契合。所以，你不僅要有好的資質，同時還要有好的心態，這樣你就具備了以後有緣跟明師修道的前提。

「著槽廠去」，惠能一句話也沒說，也絕不是面露憤怒的表情。這就說明惠能的大根性，一看師父已經看到自己表現的資質很好了，還怒喝自己獦獠，立刻就醒悟。

【惠能退至後院，有一行者，差惠能破柴踏碓。】惠能心甘情願的就去後院，去劈柴、舂米、做飯，做後勤工作，沒有怨言，直接就去做了。做了多長時間呢？【經八月餘】，做了八個月，大半年的時間，天天就幹這個事。從來不會讓他去聽法，五祖弘忍連見都不見他。八個月啊！這八個月是什麼過程，就是上面所說的，歷練他的過程。你只有根性，僅是資質好，那你有沒有耐性呢？

什麼樣的鋼是好鋼？既有硬度又有韌性的才是好鋼，如果只有硬度沒有韌性，一碰就折，那是沒有用的鋼。八個月的時間，我們覺得對於這麼大根性的人，浪費八個月的時間多可惜啊。其實不是，這八個月就是在磨練他的韌性，看他是不是有韌性。既有韌性，又有硬度，他才真的是可造之材。如果幹雜活幹了三個月，心想「不幹了，不伺候了，哪個廟裏沒有高僧啊，這兒不重視我，我就到別處去了。」如此，那走了也就走了，就說明他也不是五祖弘忍想要的弟子。只有資

質、硬度，沒有韌度、韌性，那還是走吧。

考察八個月的時間，那這八個月，五祖弘忍真的就不理惠能嗎？應該隨時在觀察他的一言一行。若是一個可造之材，五祖弘忍一定會倍加留意，只是不讓他知道而已。他說過什麼話，他做過什麼事，他的格局怎麼樣，他跟別人相處的時候是什麼樣的氣量等等。五祖弘忍觀察了八個月的時間，發現這小夥子確實是可造之材，五祖弘忍才從後面出來了。

┌─────────────────────────────────────┐
│ 第三節｜默契印心　靜默入心 │
└─────────────────────────────────────┘

【祖一日忽見惠能曰：】好像散步忽然碰到似的，感覺都忘了惠能一樣。不是特意會見，而是忽見。悄悄走到身邊，肯定是細聲細語，不能讓別人聽見：【「吾思汝之見可用，恐有惡人害汝，遂不與汝言，汝知之否？」惠能曰：「弟子亦知師意，不敢行至堂前，令人不覺。」】看一下這種默契。八個月了，五祖弘忍沒讓惠能來學習，惠能為什麼也沒有去找五祖呢？也沒有去堂前偷聽偷藝呢？這就是聖人之間、大智慧者之間的默契，你的心意我也知道。前面惠能在五祖喝斥他的時候，當下就已經明白五祖是在保護自己，一句怨言也沒有。所以惠能這時說「弟子亦知師意，不敢行至堂前」，我也不給您惹麻煩，我也明白您的意思，大家心照不宣，這就是一種默契。

什麼叫心心相印呢？弟子和師父在一起，為什麼要這麼長時間，就是培養這種默契。必是達到一定默契以後，才能傳法。傳法並不是往那一坐，認認真真、嚴嚴肅肅的，「我現在給你傳法了啊」，不見得是那樣。那是意識傳意識，那不是心傳心。真正的法都是在不經意間傳出去的，這就需要默契。如果沒有這種默契，師父都已經傳了好多法給你，你還問「老師怎麼還不開課呢？我要學法，老師怎麼不開課，天天跟我閒聊呢？」其實師父在閒聊的時候就已經把法傳了，但是你沒有那種默契就不知道啊。

　　看到了嗎，五祖弘忍態度一變、一聲厲喝，惠能立刻領悟，馬上保持距離，這就是默契。所以真正大智慧的人，表現出來的就是大智若愚。特別伶俐的不見得有智慧，特別愛表現的就算有智慧也都耗散沒了。你覺得自己聰明，跟師父在一起的時候，你不停的在說，天天給師父講課，你還能觀察嗎？你和師父之間能有那種默契嗎？要從師父一言一行中，看他如何待人處事，從中去領悟。和師父之間的這種默契是必須有的。要知道，跟師父在一起的緣不知道會維持多少年，也許幾個月、也許幾年，能維持一輩子的太少了，基本不可能。

　　所以，真正有大智慧、真正聰明的人，都是默默的，放下自我少說話。禍從口出，並不是指說了什麼不該說的話，害了人，這只是最表面的含義。話說得多了，就沒有機會學習，只有靜默，才真的能夠觀察，才真的能夠入心。把嘴閉上，才能入心，心心相印。

修道，不是知識，不是從邏輯上學，而是用心去感受。並不是師父今天教你們五個術，明天教你們幾個真理，不是這樣來修道。真正的修道，是跟師父在一起的時候，靜靜的感悟、體會。但現在大家是怎麼做的呢？跟師父在一起的時候，師父做什麼事情，大家就議論「師父這樣不對，這樣不行、不好，應該這樣做……」，「師父，這個人不是好人，您不應該這樣對他」，都是這樣……誰是師父啊？你能理解師父的真意嗎？在理解不了的時候，全是你自己的想法，你還能學到東西嗎？

我們從五祖弘忍與六祖惠能一見面的這一段，延伸出來的是師徒相處之道、師徒的關係。既然你認這個明師，跟師父在一起時，就要用心去領悟、體會，這樣一點一點跟師父就形成了默契。

默契是建立在絕對信任的基礎上的，你既然要跟師父學，師父的一切你首先要認同。師父與人相處的模式、做事的模式，和你肯定不一樣，因為你就是要跟師父學他的待人模式、處事模式，從而改變自己的模式。結果你來了以後，卻想用你的模式去改變師父。這不是聰明人，這不是有大智慧的人，這是小聰明，儘管你的心是為師父好，但是不要忘了你來是幹什麼的。

靜默、入心、觀察，師父的一切你可以先存疑，但記住一點，存疑之後要默默的繼續觀察師父，為什麼這樣做。也許過了三個月之後，你看明白了，「原來師父這樣是有這個深意啊！」因為你和師父的高

度是不同的，師父在高處，所以這樣來看問題、處理問題；你在低處，看不見師父看到的，只能看到近處。所以，先放下自己，默默的觀察、體會，這樣才能一點一點跟師父之間形成心心相印的默契。

六祖惠能和五祖弘忍，那是聖人、大智慧者，現在所講的這些理在六祖惠能那兒不到一秒鐘就領悟了。惠能以前沒有過師父，一見到師父，瞬間就形成了默契。首先迅速表現出願力、境界，「惟求作佛，不求餘物」語氣堅定；「自心常生智慧」、「不離自性」境界與五祖相合；但五祖一句厲聲喝斥，一瞬間即領悟「對師父不能這樣」，立刻轉變成應該有的樣子。

這是師徒之間的相處之道。那員工跟老闆之間呢，下屬跟領導之間呢？為什麼有的人跟老闆特別默契，都能勾肩搭背，老闆要說點什麼，沒等說完呢，他就知道去做了，然後老闆就特別高興。而你一見到老闆畢恭畢敬的，老闆見到你也是畢恭畢敬的，有一種極強的距離感。儘管你工作拼命，天天加班，怎麼跟老闆總是沒有那種契合和默契呢？你想想為什麼，就通過上面師徒之間的關係，想一想跟老闆、跟領導應該怎樣相處。能做老闆的人一定有其所長，你看到的是其所短，還不見得是人之所短，可能是故意露出的所短。默默的做，給誰打工，就和誰默契，即是和誰心心相印。閉上自己的嘴，好好觀察，慢慢這種心心相印就形成了一種默契。話不多，但老闆很喜歡你。我們都希望成為這種人。

如果你想求法，遇到明師以後，你跟師父之間更該如此，如果把這一點悟透了，對於年輕人來講，一生都將受益無窮。我們的心性改變、心態改變，又知道怎麼與領導、與老闆、與師父相處，受益的一定是我們自己。

　　師父選徒弟，領導選下屬，一定選有默契的。老闆身邊最親信的人，在跟老闆相處時，沒有幾個話特別多的。一般底層的，像門衛這一類員工，話最多，見了誰都說個不停。越往上層的人，越能管住自己的嘴，越靜默，這就叫「貴人語話遲」，這樣的人，走路都不會很快。這也是成功者的模式當中非常重要的一項，就是怎麼跟上面的人，即師父、老闆、領導相處。

　　六祖惠能和五祖已經心照不宣，因此五祖沒必要這麼說「吾思汝之見可用，恐有惡人害汝，遂不與汝言，汝知之否？」但《六祖壇經》是藉由六祖惠能口述，通過語言把五祖的內心呈現出來，讓大家看懂。同樣包括六祖惠能說「弟子亦知師意，不敢行至堂前，令人不覺」，也是六祖在《六祖壇經》中把心裏的活動描述成語言，為了呈現師徒之間的默契。

第六章

世人生死事大

　　我們說到師徒之間的默契，五祖弘忍一看六祖惠能已經接受了考驗，可以作為真傳弟子。回去之後就去安排，準備讓六祖惠能來接正法衣缽。但是如何對這一千多個弟子交代呢？五祖弘忍想了一個方法。

　　某一天【祖一日喚諸門人總來】，就是把所有的門人弟子都召集過來，然後跟大家說，【「吾向汝說，世人生死事大！汝等終日只求福田，不求出離生死苦海，自性若迷，福何可救？汝等各去自看智慧，取自本心般若之性，各作一偈，來呈吾看。若悟大意，付汝衣法，為第六代祖」。】

　　這是什麼意思呢？五祖弘忍把門人弟子召過來，跟他們說，「我要退休了，要把衣缽傳承下去，要找真傳弟子了。」那通過什麼方法來找這個真傳弟子呢？讓他們回去之後各作一偈，「偈子」不是說做一首詩，詩是對景色的描寫，或者心情的描寫；偈子是通過像詩一般的幾句話，來描述自己修行的境界。為什麼說用詩一般的語言呢？詩的語言呈現出來的是一種形象，是一種境界，用詩一般的語言來描寫這個境界，比較貼切。

　　【「火急速去，不得遲滯，思量即不中用。見性之人，言下須見，若如此者，輪刀上陣亦得見之。」】五祖弘忍對門人所講的這一段話，其實是有深意的。深意在哪裏呢？「吾向汝說」，我跟你們說，就是

跟弟子們說。「世人生死事大」，告訴弟子們：我們人生在世，生和死是第一大事，比所有的其他的事情都重要。如果我沒有生到這個世間的話，我跟世間沒有任何關係，所以「生」是頭等大事。而這世間萬物，有動物、有植物、有山河大地、有螞蟻、有蛇、有蟲……還有人，其中以人為最尊。能生而為人，就是百千萬劫難遭遇，要有很大的機緣、福報，你才能生而為人，所以要珍惜。

有人說：「現在生個人還不容易嘛，一懷孕就生了。」你如果真的知道宇宙萬事萬物的真相，就明白生而為人不那麼簡單、容易。生而為人又能得聞正法，正法非僅僅只有佛教之理，還包括道法、儒法、伊斯蘭、基督等，能接觸到這些揭示宇宙自然真諦的學問，那更不容易。在世間有多少人沒有信仰，也根本沒有機會接觸到所謂人類的真諦、宇宙的真相、宇宙萬事萬物發展的規律，這些道的至理。絕大部分的人都是為了生活、工作，庸庸碌碌，根本不會去想，也不會去求人生的真諦，以及宇宙的規律，不知如何掌控自己的命運。

為什麼掌握正法要知道宇宙發展的真相以及規律？因為我生而為人，要掌握自己的命運，這才是有意義的人。可是所有的人都要死，有生必有死。人一般幾十年，最多也就是一百年，這個壽命在宇宙中是非常短暫的。我在這短暫的、有限的時間內，如何掌握自己的命運？所以求得正法的意義就在於，我能掌控自己的死。我要怎麼掌控自己的死？必是要通達宇宙的智慧，通達宇宙的真相，通達宇宙的規律。

人是宇宙的一部分，是小宇宙，當我掌握了這一套體系以後，我就能掌控命運、掌握生死，知道什麼時候離開這個世界，知道下一世在哪裏生，生成什麼。這就是掌握生死。掌握了生，下一世的命運也在我的掌控之中，下一世的死更在我的掌控之中，這叫做「生生不息」。

　　可是現在我怎麼生來的不知道，只能說是機緣巧合，生到了我父母的家。我不知道我如何生的，這一生的命運我也無法掌握，那我會怎麼死，什麼時候死，就更不清楚，下一世我生在哪裏，生成什麼同樣不知道，一切都是未知數。所以在六道輪迴中，我們都是迷者。不要以為你現在是清醒的，你現在也不清醒，還是在迷中。大家認為在睡覺的時候是迷著，睡醒以後就是清醒，什麼事都是我自己做決策。錯了！這是一種錯覺！現實就是一場夢，你現在還在夢中，只是從一個夢醒來，又入了另一個夢。

　　為什麼是夢？請問，你能左右什麼？你能掌控什麼？明天會發生什麼，你知道嗎？明年的今天你在哪裏，你是什麼狀態，你知道嗎？十年以後你是什麼樣子你知道嗎？你什麼時候死你知道嗎？明天會遇到誰？這些你都不知道！很多人都覺得生命是永恆的，那是一種錯覺！大家都覺得自己能活到老，總覺得自己能活一百歲。但多少人一出門就被車撞了，一瞬間就沒了！這就是迷的狀態，還在夢中。

　　如果你不修道，不走到正道的路上，你就是這種迷的狀態，這就

是凡夫的狀態，也叫迷人！我們為什麼要學禪學密、學儒學道呢？就是要讓我們清醒，讓我們明明白白的活著，讓我的命運我能掌控，我的生死我也能掌控。在能掌握命運的前提下，生死是頭等大事，沒有比這個更大的事。你不掌握生死，你就是世間做得再優秀，計畫執行做得再好都沒用，也許在你最好的計畫剛剛要完成的時候你沒了。

　　所以五祖弘忍講「世人生死事大！汝等終日只求福田，」什麼是只求福田？你就盯著現實中的這些現報、財富、幸福、健康、順利，天天就求這些。求這些有錯嗎？沒錯。但是你要記住，不能只求這些東西。這是得不償失，這會因小失大，你被眼前的福田所迷，你就為求這些來修行，是不對的。

　　老師，不是說可以求財富，可以求情感的幸福嗎？也可以求健康嗎？是的，可以求。但是要知道這是修行的副產品。我們要修行，就像五祖弘忍告訴他弟子的一樣，修行最重要的是如何「脫離生死苦海」。你只有掌握命運，才能脫離生死，才能知道生死的真相是什麼，既然已經掌握命運，那這些財富、幸福、健康是一定會來的，這些是副產品，甚至可以說是助行，只是有助於修行。現世你都圓滿不了，你說你能掌控生死，是沒人相信的，也不可能的。這就是一體兩面，當你掌控了生死，你的命運必是能掌握的，你掌握你的命運，你想要財富必有財富，想要幸福必有幸福，想要健康必有健康。

第二節｜有而不迷聚散自如　腳踏大地仰望星空

　　話說回來，如果說這些福田我都不去管，我只要生死；缺衣少食，感情不幸福，健康也不好，一身是病，說這些都是身外之物；身體殘疾、得了癌症之類的，我也不理會；一直挨餓，也不去求財；情感不圓滿也不管，就是要解脫生死；最後現實中一片狼藉，什麼都沒有，一片貧乏一片缺失。然後說，這樣能解脫生死，最終能飛升成仙、羽化虹化。那是不可能的！

　　認為拋開世間的一切，就能飛升成仙、羽化虹化、掌握生死，這是錯覺。其實掌握生死的前提是掌控自己的命運，修行人也許有可能流浪在世間，但是這個流浪漢要想有錢，要想買名車、買豪宅，隨時都可以買。你看他現在住在冰天雪地裏凍成那個樣子，那是在體驗生活，體驗世間的人情冷暖以及感受。人家要想住別墅，馬上可以開著名車回別墅，這才叫修行人。世間的財富、幸福以及健康不是沒有，是想要就一定有，不執迷、不執著、不陷在這些財富、幸福和健康裏面。我要的時候一定有，我之所以不要它，是因為我要從這兒跳脫出去，但不是沒有。

　　我為什麼要跳脫出去？釋迦牟尼佛為什麼要放棄王子的位置，然後到外面去修行，去流浪，也沒有房子，住在樹底下。他不是沒有，他想回皇宮，馬上就可以回到皇宮去。他是要去體驗世間的冷暖，世

間的一切，不能僅僅經歷皇宮的富貴奢靡，更要經歷人間的百態。為什麼要經歷人間百態？是為了修行去掌握道的真諦。所以，他去苦行，去做這些事。

前面提過，要想修行，第一是要有「緣」，必須得遇到明師。如果你這一生都沒有遇到明師，你就別談修行的事，修也是白修，那叫盲修瞎練。你修得越勤奮，離懸崖、陷阱越近，跑得越快，可能就先掉進去。修行路上可不簡單，不要想得那麼簡單。如果沒有緣，沒遇到明師，就打消你的修行之心。

打消的意思就是，深深的藏在內心裏面，別再想修行的事，就把現實中的自己做好。你是父親，就當好你父親的角色；你是老公，就當好你老公的角色；你是職場上的領導，就當好你領導的角色，好好工作，好好生活。在沒有明師指點下，也別天天打坐念佛、做好事。有人質疑：「老師，念佛有錯嗎？做好事有錯嗎？」修行是一個大體系，必須得遇到明師指點你入了門以後，才可以自修，這一定要清楚！

所以說，在沒有遇到明師的前提下，壓下你的修行之心。好好的把人做好，你是父母的孩子，就經常抽時間去看看父母，別把大量時間花在打坐念佛上，你還不知道你念佛的那幾個小時是對是錯，就是盲修瞎練。你真以為念佛就能成佛，真的阿彌陀佛就來了？你知道那個理嗎？要清楚，不是說念佛不對。當你沒有遇到明師的時候，你在書上看的好像「十念阿彌陀佛，就能到極樂世界」，其實你不理解是

什麼意思。你在不理解的情況下，天天一坐念十萬遍佛、一百萬遍佛，佛就會來嗎？你知道來的是佛還是別的？要真來了，你就嚇死啦！或者真看見佛了，你就要到精神病院去了！

　　你不能照著書去修，不是書和經典有問題，經典沒有問題。是你看不懂，你都是按照自己的意思去理解經典，把經典都理解偏了。經典的高度在天上，你就在地下，你自己怎麼能理解！經典無罪，是你的理解有問題，因為你沒有那麼高的高度。中間必須得有梯子，這個梯子就是明師。師父的作用是什麼？師父的作用就是引領你進入，當你入了門以後，才可以自修自學。這叫「師父領進門，修行在個人」。但是沒有師父領你入門，你在地上想上天，永遠都不可能！有人說：老師，我學經典，用經典積累起來我就上天了。但是告訴你，經典不一定是往正道積累，搞不好往邪路上積累，直接帶你下地獄。還是那句話：經典無罪，是你會理解錯，甚至理解反了。

　　《六祖壇經》是所有經典中，唯一中國人自己寫的經典，而且是整個佛教界、全世界都公認的經典。雖然用唐代的白話文寫的，字你全認識，但透過我們對《六祖壇經》的解讀，你會發現《六祖壇經》都看不懂，更不必說密修那部分，不是你能悟出來，必須有傳承的師父教才行。就算只說顯學的部分，繼續往後學，你會發現經典的內容與你理解的意思全是相反的。我們現在公開傳授的，只是把顯學的這部分廣傳出去，如果這一部分你學到了，就能受益無窮。但是，你學

這套理論，還不叫修道，僅僅學到顯學的這一部分。顯學還必須配合密修的部分，才是一個完整的體系，然後再去領悟、感悟心法，得到心法之後就超越了。這是個不可或缺的過程。

再次提醒大家，未遇明師，罔談修行。不要浪費時間！這不是打消大家的積極性，我是過來人，我有幸遇到我的師父，把我們祖先的智慧傳承給我。但是，這三十多年，我看到太多的修行人修偏、修錯，他們太痛苦了，還不如不修。有的人修之前挺好的，經濟條件優越、家庭幸福、夫妻和諧，為了昇華而開始修行，開始入一些佛、道的各門派，或者拿本經典就開始自修。太多人後面修偏、修錯了，最後好好的工廠、好好的生意，都給做沒了、破產了，然後家庭破裂，身體健康每況愈下，性情大變。還有一些堅定去修行的人，好多現在都在精神病院。為什麼？

冥想、打坐、靜坐，這些如果沒有明師指點你，當你坐到一定程度後，就可能修偏、修壞。沒有明師的指點，你起步即是錯。不要以為打坐就是手一放、一坐一靜，放鬆、放鬆、空、空、空……，聽我的呼吸，止我的念頭，我就堅持坐……，或者意守我的丹田。按照這些方法練，練著、練著就會看到狀況出現了。

打坐、冥想的學問，直接涉及到密修的最基本、最根本。你以為沒有明師教，就能坐出四禪八定，就能坐出大神通、坐出大智慧？那是做夢！可是現在的修行人全都這麼修。六祖惠能後續會說，什麼叫

「空心靜坐，百物不思」。看一看六祖惠能告訴我們最後會出現什麼狀況。

我的講經說法，句句不離《六祖壇經》，沒有我自己的想法，不敢離開聖人的指導。有緣的人能看到這一段，一定要記住，修行路上步步艱險、步步陷阱。修行這條路，歷史上都是有大智慧的人才能走這條路。你不要以為那麼簡單，世俗的工作好做，在世俗某個領域，你想做到超前，想做到巔峰，容易！修行這個領域你試一試，可不容易。

但如果真能遇到明師走上正路，那就好好去修行。如果在修行這個領域，你能夠得道、入道，那今後不管你做什麼，不管你在哪個領域，都是大師級的人物。但這條路，可不好走，走向這條路的唯一前提，就是找到明師。遇到明師，這叫緣，然後才是信、願、行。如果緣都不具備，請大家記住我的勸告，不要妄談修行，踏踏實實把人做好。

我不是說打坐、念經、念佛是錯的，不可斷章取義。沒有明師指點，甚至連為什麼放生、怎麼放生都不知道，你放生的動物不見得會感恩你，說不定會恨你，最後放生變成害生。不是放生本身有問題，是你沒有明師的指點，你連放生的正確方法都不知道。

如果沒有明師，我們做好一件事，在現實中把人做好，就是大修行。用打坐、念佛、放生的時間，多陪陪老婆看電影，多陪陪孩子講

故事，多跟孩子好好玩一玩。不要一坐兩小時、三小時，家裏人跟你無關，你在隔絕自己，把那兩三個小時，真正用在陪陪父母、陪陪家人上，或者把你的工作做得更加極致。

有人說：「老師，我沒有師父，我只行善行不行？」告訴你，沒有明師指導你的前提下，你都不知道怎麼行善，你以為的行善，其實成了作惡。你以為有初心就好，但初心好不一定能辦成好事，這種例子比比皆是。那不遇明師就什麼都不能做嗎？是的！超凡入聖之道，沒有天梯，你怎麼能夠上天！所以，未遇明師，就在地上把人做好，凡人裏頭我是一個好老公，老婆認同；我是個好子女，父母認同；我是一個好父親，子女孩子認同；我是一個好領導，部下認同；我能帶我的企業走好。把這些做好，把人做好了，其實也是一種大修行。

把人做好，把公司、家庭打理好，家族都因自己而受益，這就是你存在的意義，為社會做出貢獻，為家族做出貢獻，為家庭做出貢獻。但是和我們說的意義不同，我們所謂的人生真正的意義是什麼？為什麼跟你說的不同？你做的所謂的這些貢獻，還是迷中做的，你還是迷人，都不清醒，連命運掌握在誰手裏都不知道，你還有什麼意義！只有當你覺醒了，你做什麼事情，都是你想做的、你想要的，這才有意義。

正如五祖弘忍所講，「世人生死事大！」掌握命運、掌控生死，這才是最大的意義，這樣就掌握了自己的生命。有人問：「老師，這

有可能嗎？有誰掌握生命了？我爺爺沒掌握，我爸也沒掌握，我周圍這些人哪有掌握的？」是的，自古以來，修道者多如牛毛，得道者鳳毛麟角。那是需要大福德、大智慧、大勇氣的人，才有可能得道。但是不能因為得道的人少，我們就不嚮往、不努力。菩提心，我們隨時都要有，我們要昇華，我們現在就是這一個肉體、這樣一個生命形態，要向著更高級的生命形態去昇華。

要有大願，但是不能因為有願就盲修瞎練，不可以！有願了才有遇到明師的機緣，當機緣來了，不要放過，那個時候，做到信、願、行，堅持刻苦的修行，放下世間的一切。放下不是代表就不要工作、不要家庭。該工作就工作，該幸福就幸福，夫妻感情好好的，該照顧孩子就照顧孩子，該孝敬父母就好好孝敬父母。放下世間的一切，是心裏放下，但是不可以離開世間去修行。這就是《六祖壇經》告訴我們的，「世人生死事大」講的就是這些。

清楚了修行的目的是什麼，修行的意義是什麼，就會知道修行和福田、財富、幸福、健康之間，不是對立的關係。如果你真的走上修行的正道，走向正確的路，在現實中的呈現一定是：財富缺失的一定會在短期內富足。有人問：「那怎麼富足啊？我幾十年了，都沒賺過錢，突然我修行了就直接能賺錢了！」對，賺錢了就表示修對了！

「不是不讓貪嗎？修行不是要視金錢如糞土嗎？經典上說的不讓貪！」你要知道你根本就到不了能貪的狀態，你先得看有還是沒有。

很多人都自欺欺人，本來都不足，然後一學佛，自欺說：「原來我不拼命賺錢是對的呀，我視金錢如糞土，所以我沒錢。」給自己找了個心安的理由。天天在那兒念經，越念錢越少，然後心越安。

但是真正的修行人，真正的修得正法的修行人，一定是世間、現實中圓滿，世間先圓滿然後才能修出世間的圓滿。這是絕對不可以跨越的。如果世間我什麼都沒有，財富、情感、健康都沒有，做事全是障礙，然後我念阿彌陀佛，阿彌陀佛直接把我接到極樂世界去。你做夢吧！你想求極樂世界，那是多大的願，比世間求財富、求幸福、求健康難多了！在世間，小小的富貴、小小的富足、小小的健康、小小的幸福你都求不到，你還敢說能求生極樂世界，不可能的！

所以說各位修行者，注意不要落入一個陷阱，你的修行不要脫離現實。所有的修行，都是以現實為基礎，這叫腳踏大地，仰望星空。你不能腳都離了地，生活沒有著落，然後天天想奔向星空，你是嫦娥嗎？你要想飛上去，一定得是把大地的力量不斷積聚，當力量積聚最足的時候才能一下把你托上去。你腳下大地都是空的、都是虛的、什麼都沒有，就想一步登天，根本是在做夢！所以說請所有的修行人記住，著重於眼前，著重於現實，修行一定不離紅塵。

紅塵當中缺什麼，我們修什麼。財富不足，我就修財富，我幸福、情感不圓滿，我就修我的情感，情感有了，我再修我的健康，修我的人脈關係如何圓融，我世間哪兒不圓滿我修哪兒。把世間基本的這五

大福都修成了，然後再修出世間昇華的自我，這是一條顛撲不破的千古定律。離開世間起修，只會越修越慘、越修越缺失。只有越修越圓滿，越修越有，到那個時候才存在貪不貪的問題。先有了，然後對多餘部分的狀態，才決定你是貪還是捨。不可以在沒有的情況下，妄言所謂的貪，你連有都沒有，從何談什麼貪與不貪。

愛也是如此，向別人付出愛也是一樣，當你自己已經有了滿滿的愛，多的愛已經可以流出去的時候，就不要小氣，要把多的、溢出的愛奉獻出去。財富也是一樣。當然有的人自己非常富有，但為了救危救難，全部都拿出去，就像范蠡，全都拿出去救苦救難，那也沒問題。但是，你會看到他，馬上又擁有了，為什麼能這樣呢？因為這些人已掌握富足的規律。這也是宇宙規律的一部分。

像范蠡這些人的修行，已經到了這麼高的境界。賺錢是規律的一部分，我完全可以捨出去，捨到最後一窮二白什麼都沒有，但是在極短的時間內又可以聚來大財，而且用的都是合理合法的、有益於眾生的方式。我既能賺來大錢，眾生又能受益，而且很快就能把財聚起來，這才真正是得道的人。財聚了以後，不完全據為己有，不會只為自己越聚越多。

只為自己不停的聚財，越聚越多，越多越好，那叫守財奴，那才叫做貪。最後對這種人，會出現一個大反噬，變得什麼都沒有，甚至身首異處。歷史上這種例子很多，有了財不知道施捨，繼續貪、只知

道貪，貪到一定程度，金山一倒把自己壓死了，身首異處。這樣的人別看他雖然賺到錢，有了財，但是這個財可不是他掌握規律後賺來的，而是他通過各種方法，巧取豪奪或者不擇手段得來的。他為什麼恐懼、為什麼不敢捨？因為當他手裏沒有權的時候，他就沒有那個進財的路了。他怕，所以就形成了無底洞，趁著有權的時候，儘快的聚，越多越好，最後一下垮塌被壓死了。

得道之人掌握規律以後，賺錢會很容易，財富要來很容易。財富來了，我就分享我就捨，都捨了也不擔心，因為想讓財來財就來。有人問：「老師，真有那種好事嗎？」你修行，不就是修宇宙萬事萬物運行的規律嗎？財富的聚散也有規律的，修行入道，研究的就是這些規律，怎麼聚財就不會不知道。如果不知道，那你修的一定不是正法。

你真的修到正法，聚財太容易了，散財不容易。這是何意？為什麼散財不容易？因為不是看見人就給，散財是有方法、有技巧的。有的時候，散財不一定是在幫人，搞不好是在害人。聚財是需要手段的，是需要掌握規律的，而且誰掌握這個規律，誰就能輕易的聚財。然而，散財是憑藉自己的心胸格局，要打破自己的狹隘，面對和打破自己的恐懼。你會有諸多的顧慮，打破了這些，你的財散的才真正有益，那方可稱之為功德。否則，就算你散出去了財，也不是功德。

梁武帝作為皇帝，他的做法自以為是在行善，自認為自己有大功德，他自己不講究榮華富貴，把自己的都捨出去建廟，最後居然這種

下場，這是佛教歷史的一個典故。後面他兒子繼位以後馬上開始滅佛。為什麼這樣做？原因就像上面所講，你要散財也得有道行，你得知道規律。看一看范蠡的散財，三散其財、三聚其財，那是歷史上少有的圓滿之人，財的聚散信手拈來；情感上幸福，抱得美人歸，與歷史四大美女之首「西施」白頭偕老；健康長壽，范蠡在那個年代活到了八十八歲。像他這種人就是得道之人，而我們要學的就是真正得到正道的狀態。

　　五祖弘忍的這句話，「世間生死事大！汝等終日只求福田，不求出離生死苦海。」通過這一句，我們講了很多，講的是修行到底是什麼，怎麼修，修什麼。修行最大的意義和目的是修生死，即是掌控我們自己的命運；然後，再教別人，讓別人也掌握自己的命運，這是聖人所做的事業。在修行、修道之前，修行和福田之間的關係，這些觀念和知見必須正確，不能有錯知錯見。觀念先正，然後修行才能走上正路。

第七章

自性若迷福何可救

　　不求出離生死苦海，只求福田，這樣你獲得的只是世間的健康、財富、幸福。種的是福田，那麼你得的也就是福報。修行到底要修什麼？修行修的是出離生死苦海。那麼什麼叫出離生死苦海？我們稱之為解脫大自在。求道、得道最終的目的所在，就是大自在、大解脫。如果你能往這個目標去，那麼你現世中所謂的福田必然會滿足，必然會圓滿。

　　五祖弘忍不斷的跟弟子們強調這個問題，同時也說明這些弟子儘管跟五祖弘忍學法修道幾十年，還沒有造就、沒有開悟。其原因正如前面所講，沒有願，或者願不足，是小願，而非大願，不是佛菩薩的大願。也就是，一千多門人弟子裏面，沒有一個真正發大願的。

　　其實發大願挺不容易，不是那麼簡單。學佛、求道的人很多，好像都是為解脫生死來修的。但是，到底是你的意識、你的想法，還是你真心要這樣修、求解脫生死。這個目標是否是內心真實的發願，內心是怎樣發的這個願，這個很重要。不是嘴上發願，而是心中有願。而現在絕大多數的修行人和想修道的人，不知道自己是什麼願，也就是意識上不知道自己的真心發出的願是什麼，甚至絕大多數人在意識上都沒有一個願！一問願是什麼，都是迷茫，沒有方向。

　　正如前面所講，五祖弘忍跟弟子們說的這些，表明他眼前的這些

弟子們不會來繼承他的衣缽。他們都是終日只求福田，不求出離生死苦海。本身佛法就是告訴我們最終極的解脫、圓滿之道，有這麼大的一個金元寶，結果你想要的是一個小芝麻，如果一個願都沒有，你如何來承載！你的心本來是「盡虛空，遍法界」那麼大的格局，但是你把自己局限了、隔絕了，最後變成一個小芝麻。你是芝麻的時候，就只能承載芝麻那點事，就不可能承載整個宇宙。其實整個無盡的宇宙都在你心中，但是因為你沒有那個格局，就承載不了，所以呈現的就僅是小願。宇宙的規律就是這樣，你發什麼願，你真想要什麼，它就給你什麼。誰來給？不是外面有個活菩薩給，是我自己給自己，我自己安排。一切都是自己安排的，因為，一切唯心所造，最後你從宇宙萬物當中能得到什麼，那也是因為你真正想要什麼。

有人問：「老師，那到底我想要什麼呢？我也不知道我想要什麼呀？我想要的多了，我怎麼得不到呢？」

你想要的多了？錯，那些不是你想要的。你現在擁有的一切，就是你真心想要的。

又有人疑問了：「老師，我現在擁有的一切？現在我錢也不足，幸福也不夠，健康情況也不好，這不是我想要的。我想要的是有錢，要有富足、要有時間、要有健康、要有休閒、又要平安，但是怎麼都沒有呢？」

現在告訴你，這些你所謂想要的，是你嘴上想要的，而現實中呈

現的一切、你現在擁有的一切，都是你的心真想要的。包括現實中的痛苦也是你想要的。你真心想要什麼，就給你呈現什麼，這就是顛撲不破的理，就是真理。你要想知道你的心到底是什麼樣子的，不要去向外求，不用去找高僧大德，給你看你的心願是什麼。真正通理的高僧大德，一定也會告訴你：你自己看看你現在的一切，那就是你想要的。

你的意識想要的，和真心想要的，是兩個概念。意識想要的，就是想想、妄想。那我的意識想要的，能不能影響到我的心呢？能！如果在你的意識上，強烈的發出你的意願，比如「現在我就是沒有幸福，我一定要幸福。」同時，一定要如法，有明師指點，如何讓意願影響我們的心，這叫做反觀、內求，這是需要方法的。不是說我的意識想要什麼，我就天天在喊叫：「我就想要發財，我就要成為宇宙第一，我要成為李嘉誠⋯⋯」如果僅僅認為只要有強烈的意願，心就能改變，那就錯了！這不是方法。

我們知道多年來，「成功學」走的就是這個路子，天天在喊我是最優秀的，我一定會成功，我一定會發財，我向宇宙下訂單，宇宙都得幫我。所謂吸引力法則，天天對鏡子喊，天天喊，結果喊了幾十年，也沒發財。為什麼現在成功學開始沒落了，因為方法不對，不如法。反觀內求是有方法的，而修行就是要先有正知見，理先通，然後再掌握方法，你就能做到用你的意願、意識，來轉變你的心。

僅僅有意願不行，天天說我是最優秀、我一定能發財，但是沒有實現，這就是妄想。心心念念我是最優秀的、我是最富足的、我是最幸福的、我是最健康的，後來都實現了，這就叫理想。也就是說，你有正確的方法，讓你的心感受到你的意願，而且真的轉化了，這就是理想。沒轉化，你天天在意識上不斷的努力，不斷的用力，但是結果現實一點沒呈現，這就叫妄想。到底是理想還是妄想，就在於你是否掌握了意識、意願影響內心的方法。記住這是需要方法的。

　　我們修行為什麼有密修、有顯學？顯學是知理，正知見，要學習宇宙萬事萬物的發展趨勢的規律。顯學是密修的基礎，沒有顯學部分，沒有正知見，密修也修不通。顯學是道，密修是術。如果僅有術，理不通的情況下天天練術，看似有神通，但其實會對你有很大的傷害。術必須入道，也就是道和術一定要結合起來，這才是一個真正太極，這才叫圓滿。理通了，知道萬事萬物的真相以及發展趨勢規律，同時必須得掌握密修的術，這樣才能落地，你的理才能用。什麼叫落地？就是我怎麼想的、我的意識有意願，我就有方法能夠實現它，在現實中能夠呈現，這就叫做心腦合一。心腦合一真的能做到隨心所欲，這是我們修行所要達到的最高境界：我想要什麼，現實中就會圓滿什麼。但記住，這是有方法的。求道、悟道，就是要學這些理和落地的方法。

　　五祖的這些弟子們，到黃梅寺跟著五祖弘忍學了幾十年，拋家捨

業，連姓都改了，都姓釋啊！離開父母，遠離家庭家族，甚至一生都不結婚，也不要孩子，就是要追求真理、追求至理，就要學心想事成的方法、解脫自在的方法。我們從這裏能聽出來，五祖弘忍也特別無奈：「你們拋棄了一切上山來跟我學，我也有這個本事和境界來教你們，能把你們帶向解脫和大自在，但是你們終日只求福田。」

求福田是世間的福報，沒必要拋家捨業，進山學道、修道幾十年，一生都耗在這上面，很可悲、很無奈啊。到這兒來應該學更高的東西，也就是脫離生死苦海，是終極的圓滿。真正要學的是掌控自己的命運，掌控自己的生死。但是大家現在上山學道，就為求溫飽、求平安、求健康、求幸福。只是求這些，其實你沒有必要捨棄這麼多，你到世俗當中都能求到這些。所以，我們能從語氣中聽出五祖弘忍的無奈，還是苦口婆心的跟弟子們講【「自性若迷，福何可救？」】。

福是什麼？是你求來的福報，但福報是會消耗的。如果福報非常大，那下一世往生就會做天人，衣來伸手，飯來張口，想什麼，什麼就來了。天人的福報是相當大的，富貴、幸福、美滿，天天開心啊！但是，天人的福報雖大，總有消盡的一天，福報一旦消盡了，他就得從天上落下來，那業報、惡業就該現前。

五祖弘忍的意思是：「有福報，好像你現在生活得很好，住著別墅，開著豪車，想吃什麼吃什麼，想去哪玩就去哪兒玩，這一生真好。這是有福，但是福總有消盡的那一天，福報消不了你的業障，業障還

在那兒呢。只是現在是你的福報現前，把業障給壓下去了，所以你現在很舒服，也很健康、也很幸福、也很富足。」但是，「自性若迷，福何可救？」福，總有消盡的那天，如果你不通這個理，不懂這個法，沒有走到修行的正道上，你就不知道怎麼消你的業障。天人是沒法修行的，天天只會在那兒享福，現在我們就是這樣的人。

天人不是在天上，而是在人間，地獄也在人間。不是說宇宙當中有一個地方叫地獄，那裏面都是烈火，都是刑罰。錯了！宇宙間也沒有一個遙遠的星際，像銀河系的核心，或者某個星系的核心，有一個極樂世界。我們往生以後直接就到了極樂世界，好像阿彌陀佛開著超光速飛船，通過一個蟲洞，一下就過來把我們接走。這是現代科學描述的，但是錯了！雖然現代科學家一直在努力尋找，但是宇宙中沒有一個地方叫極樂世界，現實中沒有一個地方叫地獄，也沒有一個地方叫天堂。

那我們說極樂世界有沒有？天堂有沒有？地獄有沒有？有，是真實的有，實實在在的有，但在哪裏呢？不是在外面的宇宙裏，而是在我們心裏。其實極樂世界、天堂、地獄，就在我們人間。

說在心裏，你可能會覺得虛、空，不知道什麼是心裏，那告訴你都在人間，人間就有享福報的天人。他們天天享著福報，有花不盡的錢，有的是時間，天天睡到自然醒，想要什麼就有什麼，老公或老婆對自己又特別好，感情特別美滿，這就是世間的天人。也有大修行人，

心中有蓮花，處處皆蓮花！他就在極樂世界裏，極樂世界就在我們眼前，就在人間。同樣，地獄也在人間，畜生道也在人間，六道輪迴不離人間，就在當下。你當下是在天人道、人道，還是餓鬼道、地獄道，其實做一個簡單的實驗就可以體驗到自己現在在哪裡。如果不知自己身處何道，即是在迷中。

極樂世界、天堂以及地獄，不是死了以後到的。認為死了以後到天堂，死了以後到地獄，死了以後到極樂世界的，是錯的。所有這種想法，都是理不通，對佛法根本不懂。極樂世界、天堂、地獄、餓鬼、畜生都是當下，你現在所處的狀態，然後你在當下，就開始起修。你現在有可能就在餓鬼道，但開始起修走入正道，有的過幾個月或是一年，對於有大根性的人，甚至就一天，或者當下，立刻就到了天道、菩薩道。

有人疑問：「老師，怎麼可能我還活著，我就是菩薩了呢？」所有問這種問題的，就是理不通。同樣的環境下，就有菩薩，就有天人。比如同一個房間裏有五十個人，六道就全都在這房間裏了。房間不變，環境相同，但是每一個人在相同房間裏的感受不一樣，有的人就覺得這個房間太憋悶了、太痛苦了、太煎熬了，得趕快出去，那他就在地獄裏，這個房間就是他的地獄；有的人在這個房間裏特別舒服、特別開心，那這個房間就是他的天堂。

天堂、地獄、極樂世界不在外面，就在人間。菩薩，也許就是你

認識的某個人；惡鬼、厲鬼，也許就是你身邊的某個人，天天受著刑罰，在十八層地獄，有的就在無間地獄，但他現實生活跟你同處一室；一個辦公室中，就有地獄的眾生，有癡迷、沒有智慧的畜生，有衝突好鬥的修羅，有救苦救難的菩薩，有享福報的天人。所以，要清楚什麼是真相，我眼見的又是什麼。一切都在世間，一切佛經上所說六道輪迴的這些境界、層次，都存在於我們活著的時候，我們在世的時候，而且只在我們身邊。我們不必向宇宙深處求，也不需要去找一個叫地獄的地方。一切都如影隨行，就跟著我們呢。這個理，後面會仔細講，這涉及到宇宙的結構。

現在全球的科學家都在研究宇宙的結構，不管是經典物理學還是量子物理學，宏觀物理學還是微觀物理學，都在研究宇宙的結構，到現在也沒研究明白。現在所謂的科學是沒研究明白，但是佛法、道法，包括儒學在兩千五百年前，就已經把宇宙的結構、宇宙的真相給我們清清楚楚的表明。只是現在的眾生福薄業重，經過兩千五百年，不是進化，而是退化。我們的老祖宗已經掌握宇宙自然的規律，而且都寫到經典裏面，傳給了後世子孫。這是我們老祖宗最偉大的可取之處，我們一定要珍惜。

　　《六祖壇經》是一千三百年前，六祖惠能和弟子們完成的經典，是六祖惠能講經說法三十七年的精髓所在，我們現在的子孫能看到一千三百年前的經典，這是多大的福報。《易經》是三四千年之前，大智慧者周文王定下的經典，而孔聖人兩千五百年前所寫的經典，我們到現在還能研讀、學習。只有中華民族留下了大量從伏羲、周文王一直到現在的這些經典，這些都是中華文明的瑰寶。

　　再看印度、埃及，有古經典嗎？都沒有了，甚至古埃及的民族都沒有了。四五千年前的古巴比倫、古埃及、古印度，確實是有很高超的文明，但是現在已經無法知道那是什麼文明。四大文明古國，其中三大文明都已經斷了，文明斷了，意思是當時的經典典籍再也見不到、學不到，只能從一些碎片當中感知到一些當時的狀況。比如，古巴比倫文明，也就能看到一座石碑，上面有幾種文字，都只是碎片，絕不是一套典籍。

　　只有中華文明有大量的典籍，從最遠古的時候開始流傳，商已有文字，然後到周，再到兩千五百年前，思想最頂峰的春秋戰國時期，大量的經典基本上都保留著，我們現在都還能讀誦。春秋戰國時期的智慧高峰是如何出現形成的，我們會在之後文化體系中講解。當然不能說都完整保留，歷史上也有幾次滅經典的時期，但是現在中國人還

能看兩千五百年前的聖人典籍，這是天大的福報。生為華夏子孫，要非常自豪祖先已經把宇宙的真相、宇宙萬事萬物的發展規律和趨勢完全掌握。很多人看到古籍就說是胡扯，比如看孔聖人的文章，他解釋《周易》所作的十篇文章《十翼》、《繫辭傳》把宇宙的整個進化過程及發展規律，寫得多麼透徹，但是現在的子孫看不懂，就說那是糟粕。

後面我們會給大家解讀儒學的整個體系，到時再真正感受一下什麼叫聖人，為什麼稱孔子為聖人，為什麼稱周文王為聖人，為什麼說伏羲開創了中華文明，他到底開創了什麼樣的中華文明，什麼文明才叫中華文明、華夏文明，這一系列的專家學者都沒研究清楚的問題，你就清楚了。

西方科學對現實世界有直接的指導意義，比如汽車、飛機的生產、通訊技術的出現等等，都是西方的科學。那我們東方有智慧，有五千年的東方文明，對現實世界有什麼指導意義？如果華夏文明沒有斷，那是從哪裏起源？整個脈絡是什麼？我們為什麼要學習它？這些都是一個文明體系組成的最重要部分，如果現在的華夏子孫，都沒有人能說清楚的話，憑什麼說東方有上下五千年的華夏文明？有經典就叫文明嗎？說不清楚的話，那就叫糟粕。對現實生活沒有指導意義的，就不是文明，不是文化體系，那就是糟粕。我們為什麼還要費盡心思的去學啊？

所以整個華夏文明，雖然歷經上下五千年還在延續著，但是已經進入末法時期，就要沒落了。剛才問的這些問題，是一個文明體系中，必須有人能確切的回答出來的基本問題。

　　我現在公開的，把我修學得到的東西傳出來，要傳的可不僅僅是打坐、念咒、念佛等所謂的修行體系，就教大家一兩樣修行方法，不是的。更重要的是要把華夏文明體系從源頭到整個脈絡，再到現在的應用，以及它的意義，成體系地呈現出來、展現出來。就是要讓大家知道，不僅讓中國人知道，讓華夏子孫知道，還要讓全世界的人知道，東方的智慧，我們老祖宗的智慧是什麼，到底什麼是華夏文明，我們說的上下五千年沒有間斷，到底是什麼沒有間斷。

　　我們把這一套體系叫絕學，一定是要比較的，絕學是最高境界的學問。人家說西方的科學，現在才是最高的，能拿出驗證的東西來。我們說東方的智慧、華夏的文明，是最高的智慧，我們也得拿出驗證來。東方智慧要和現在的西方科學進行比較，這是我們後面要做的事情。華夏文明現在已經到了谷底，要想復興，就必須有人把源頭釐清、脈絡釐清，把真東西呈現出來，要讓華夏子孫都掌握，在現實中能運用，以解決我們現實中的困惑和問題，這才真正是一套有用的文明體系。當華夏子孫有一部分人掌握這套可以驗證的體系之後，我們才可以拍著胸脯說我們是偉大的華夏文明的傳承人，我們的文明沒有斷，我們的文明對現在的西方科技甚至都有巨大的指導意義。

我所謂東方的智慧、東方的文明，僅僅是指中國的華夏文明，不包括古印度，中國的華夏文明和古印度的文明，不是一回事。不要以為佛教從古印度傳過來，就好像我們的文明也是從古印度帶過來的。錯了！從源頭上來講，古印度文明就是古印度文明，華夏文明就是華夏文明，兩者的創始、淵源、起源是不同的，往下的分支，整個信仰體系、理念都是不同的。

　　佛法是在中間時期穿插進來，由唐代時的唐玄奘將佛經的經義帶到了長安、帶到中土，由達摩把佛法的心法部分帶到了中土，一個是顯，一個是密。都帶到中土之後，整個印度佛法的精髓，和我們華夏文明的脈絡，在六祖惠能這裏集了大成，也就是說佛法的精髓完成中土化。現在我們學的佛法，已經是中土化的佛法，和我們的文明完全結合到一起、彙集到一起的佛法，被稱為「禪」。禪已經超越了古印度的原始的佛法，是有中華特色的，結合華夏文明、完全中土化的智慧。它的源頭、脈絡，在我們的道法、儒學中可以找到對應，也就是說儒釋道這三家，其實在六祖惠能這裏已經合為一體。此說法會有很多人不贊同，認為佛法是佛法，儒學是酸儒、腐儒。但是，你看得懂孔子儒學的五經嗎？知道聖人傳遞的是什麼訊息嗎？沒有孔聖人，哪有我們中華民族的今天！後面會把儒學和佛法、道法結合在一起給大家講，因為這都是我們華夏文明的精髓。佛道儒是一家，說的都是一個事。

現在的佛法也不是古印度的佛法。達摩在梁武帝時期，把心法帶入中土。之後唐玄奘，在佛法最鼎盛的時期，遊歷西域各國，到達古印度（即天竺），掌握古印度佛法各個流派的精髓，成為各個流派的大法師。大法師可不是授予的，是要在各個流派辯經打擂臺的，是比出來的。唐玄奘做到了，成為古印度佛法各個流派的大法師。後來，唐玄奘把佛法最鼎盛時期的、最精華的佛經六百卷，帶回中土。至此，達摩把佛法心法帶入中土，唐玄奘把佛經的精髓帶入了中土。

唐玄奘之後不到五十年，佛法開始在古印度沒落，到後面伊斯蘭大軍攻入古印度，滅了佛教。中間出現一個印度歷史人物，用了幾十年的時間，興盛了婆羅門教，把佛法徹底從印度大陸趕出去了。現在的印度沒有佛法，已經滅了幾百年。

而達摩和唐玄奘分別把佛法的精髓帶入中土，佛法在中土落地生根發芽，到六祖惠能的時候，與中國的文明文化體系結合，形成了禪。一部《六祖壇經》不僅僅包含著佛法，還包含著儒釋道、兵家、法家、墨家，所有華夏文明的精髓，融會貫通為一體。那麼我們怎麼學古人的智慧，從哪裏開始學？《六祖壇經》其實是有順序的，開篇就告訴我們自性是怎麼回事，點出最核心的「直了成佛」，後面就是不斷的深入、不斷的深入……，反覆講自性。

回到經文說「不求出離生死苦海，只求福田」，講的就是修行最終目的解脫自在，與福田、福德之間的關係。我們從這入手，一點一

點往後學，就會把整個文明體系都帶進來。從《六祖壇經》深入，就好像鑿開一個小山洞、一條縫隙，擠進去之後，再往裏一走一看，那才是璀璨的華夏文明的宮殿。那是一座寶藏，是我們的子孫吃不完、用不盡的、無窮無盡的寶藏，但是已經被塵封千年。為什麼我們的寶藏被塵封千年？歷史上，中華文明到底發生什麼？為什麼有這麼偉大、光輝、璀璨的文明寶藏，而現在我們華夏子孫卻是這個樣子？中國到底怎麼了，發生什麼了？後面都會講到。所以，我們一點一點的深入，從「自性」、「福田」開始，一點一點的深入。

五祖弘忍告訴我們，「自性若迷，福何可救？」如前面所提，自性的本來狀態是「菩提自性本來清淨」，清清淨淨是自性的原始狀態。自性若迷，本來清淨的自性，它為什麼迷了，怎麼迷的呢？就所謂一念無明。怎麼理解一念無明？「明」字的寫法，是一個「日」一個「月」，日月即陰陽，陰陽平衡就是明。明師，我們要理解什麼是明師，最淺層的理解是明白的師父、明白的老師。其實，明師更深層的含義是，掌握了陰陽之道的師父，才能稱為「明師」。

孔聖人有句話是「一陰一陽之謂道」，如何叫得道，「道」是什麼意思？從「道」字來看，「辶」代表著走，也就是行進。「首」就是頭，頭上有眼睛和耳朵，眼睛能看到，耳朵能聽到，「首」掌握著行進的方向，意思是我行進是有方向的，能看著方向往前走，這就是「道」。那「迷」呢？「迷」字，「米」就像迷宮，周圍那麼多條路，

你站在中間，不知道往哪裏走，這就是「迷」。「自性若迷」，迷的意思是不知道往哪個方向走，只要出腳一走可能就是錯，你不知道你的方向走得對不對，也許這一腳就邁向了懸崖深淵，這是「迷」。

「道」是有方向的，什麼是方向？所謂「一陰一陽之謂道」。有人說：「老師，這太虛了，什麼叫『一陰一陽之謂道』，對我的現實來說有什麼意義？」老師說，你慢慢學，陰陽之道如果理解不了，現實中你一定是迷的。你真正的把陰陽之道理解、通透了，再看現實中的你迷不迷。一切的一切都是陰陽做前提。迷即無明，就是失去了陰陽的平衡，無明就是沒有了陰陽，即是沒有了道，你就沒有方向，就迷了。

明，是陰陽，陰陽的定律是什麼？怎樣才是圓滿，怎麼才是最高境界的解脫，怎樣才能回到「菩提自性本來清淨」的清淨狀態呢？清淨的狀態是波瀾不驚。我們前面講了湖水，在沒有風的狀態下，是平靜的。當它平靜的時候，山河大地、日月星辰的倒影，都可以在湖裏看得清清楚楚，這個時候就叫了了分明，這個時候你就不是迷的，而是入了道、有了方向的。你看什麼都清清楚楚，當然有方向，你就知道應該往哪裏走。

「迷」是什麼狀態呢？整個湖水開始波濤洶湧，這時你能看到什麼？你想看月亮的樣子，看到的都是碎片，看到的是一湖水千片月，都是月的碎片。你就懵了，哪個是月亮，月亮到底是什麼樣子？這就

是無明，打破了陰陽的平衡。那陰陽的平衡是怎麼被打破的呀？是因為你的分別。由於你的分別，你的陰陽平衡就打破了。

本來在平衡中，無好無壞、無善無惡、無喜無憂、無對無錯、無黑無白，陰就是陰，陽就是陽，就是一個客觀的存在。但是當我們觀察者一出現，陽，陽光，好；陰，黑暗，不好，不要陰，趕緊換⋯⋯一念無明，好和壞一下子就冒出來了，一念無明起，陰陽平衡被打破，然後開始動，本來平衡著是靜的。一潭湖水，靜靜的平衡著，你一加入，「哎呀，這太陽真好，光明而溫暖」，好、好、啪的一下，平衡被打破，你這一潭湖水就開始波動起來，隨著你越來越分別，湖水波濤洶湧，你就迷了。

你的心一直在動，就是因為不斷的分別，由分別而取捨，執著於取捨，分別就強化形成分裂，分裂再強化形成撕裂。而這是一切痛苦的根源，沒有安全感、歸屬感，一步步的離開了家，越來越遠，最後找不到家。所以佛說：「回頭是岸。」

自性本來是靜的，本來是在無餘涅槃的狀態，靜靜的，從道法上來講就是無極的狀態，即靜靜的狀態。佛法的無餘涅槃就是永恆的靜，當然不是絕對的永恆，靜到一定階段之後，道法上叫靜極生動，這一動是怎麼動的，就是佛法的一念無明，整個世界就是這樣來的。否則，整個世界在無極的狀態或無餘涅槃的狀態，也就是波的狀態，盡虛空遍法界，相對永恆的靜。波的狀態，其中也包含著各種可能性，無限

的可能，虛空存著萬有，這個虛空就是波。觀察者一來，即是一念無明，整個波的狀態一下就變成了粒子的狀態，大千世界就此形成。

整個世界就是由分別而來，我們的身體、世界的萬事萬物都是由我們的分別而來。從道家來講，叫靜極生動，一動無極生太極，太極生兩儀，兩儀就分出陰陽，也就是二元，就開始動了，二元一出世界開始形成。然後兩儀生四象，四象生八卦，八卦……按照規律不斷的動動動，這就是現在的宇宙世界的由來。儒學講宇宙的由來，佛學講宇宙的由來，道法講宇宙的由來，都是一個來處。儒釋道對整個宇宙自然的發展規律的解釋是完全一致的。

而且老祖宗所揭示出來的宇宙的真相、源起及發展的趨勢和規律，和現在西方科技的量子物理學，是完全可以一一對應的。完全可以用量子物理學中，已經被驗證的所有結論來解釋老祖宗、古之聖人對宇宙的認知。一點一點的你就能看出來，老祖宗的大智慧是多麼的可怕、多麼的神奇，在沒有任何科學儀器的前提下，他們是用什麼方法揭示出宇宙萬事萬物的真諦和發展規律的。隨著我們的學習，要給大家揭示、呈現老祖宗一整套的方法，讓大家更深入的瞭解我們華夏文明大智慧是有著多麼高的境界。

第三節｜回波岸先法侶財地　八正道化剛强衆生

自性是怎麼迷的？就是源自於自己的一念無明，無極生太極，太極生兩儀，這就開始遠離自性。自性本自清淨，這就叫家。然後你不斷的迷，不斷的分別，越來越分別，離家也就越來越遠。隨著不斷的分別，分別變成分裂，分裂變成撕裂，你也就越來越痛苦、越來越迷茫、越來越困惑。形成你的現實世界不斷的分別……讓你無所適從，你看不到本質、看不到真相，你就困惑，你就會痛苦。

修佛法叫回頭是岸。痛苦的時候該怎麼辦，怎麼能解除痛苦，怎麼讓心靜下來？停住，回頭是岸，就是回家。怎麼回頭？放下你的分別吧，你就是一念無明從家出來的，之後不斷的放大你的無明，越走越遠。回家之路只有一條，就是放下你的分別。慢下來，放下，一點一點回頭啊，這就回家了，回頭是岸。所有的修行都叫回歸、回家，你要找到回家的路，那首先你得知道你是怎麼出來的吧？就是這一念無明、分別出來的！

所以「自性若迷，福何可救？」天天在那修啊修啊，我要求富貴，我要求長壽，我要求幸福……和你回家有什麼關係？你越求那些東西，是不是就越分別，越分別你就越痛苦。即使你求到了，比如求到了財富，你就開心了嗎？你要求多少財富你才滿足呢？而當你的財富多到一定程度之後，是不是財富本身，也是一個障礙，甚至也是個禍端。

財富不是越多越好，要看你能承載多少，如果超出了你的承載力，那財富就會變成禍端，比如謀財害命、因財起意把你送進監獄等等。所以說，不要以為福田最後能給你帶來平安、帶來解脫、帶來自在、帶你回家，不可能！你有福，只是能享個福報，但是你的分別，可一點沒放下。如果一點沒放下你的分別，就和你回家沒關係。

你的自性一直在迷著，都不知道怎麼脫離。你天天在那修福田，覺得我有幸福就好了，我有健康就好了，我有長壽就好了，我富有就好了……那好不了。你如果執著於這些所謂福田的話，反而會把你越帶越遠，離家越遠，你就越來越分別。沒財的時候天天想著一定要有財，有了財以後就想有更多的財，同時之前的財還不能失去，又加了一層。以前一心一意求財，還單純一點。現在，有了財之後再求財，同時還得保住已有的財，如果保不住，那比沒錢的時候更痛苦。福田不會給我們帶來解脫，不會引領我們踏上回家的路。

但是福田也是修行不可或缺的前提。修行的前提是法侶財地，缺一不可。法，就是你必須有緣遇到明師傳你正法，這是第一位的，是前提，必須有正法才能開始修。

侶，伴侶，也就是要有同修。自己單獨修不容易，不是不可能，但是不容易。獨修，你得是多大的根性，得有多大的耐心、多大的毅力啊。修的過程當中，是要面對恐懼的，得有多大的勇氣啊。修行的路上你有多少障礙需要去破除，你得有多高的智慧啊。所以，獨修不

容易，有侶，即有同修。

財，你必須得有財。沒有財的話，缺衣少食的，下頓飯在哪都不知道，你哪有心思修啊。所以，修行人必須具備一定的福報，沒有一定的福報，沒法修。地獄眾生沒法修，天天煎熬著，哪有那心思修啊，等我吃飽了再修吧，吃都吃不飽還修什麼啊。有人會說，那些苦行的，一天就一頓，餓成那樣，瘦成那樣，人家修得不也挺好的？

你錯了！苦行和吃不飽可是兩回事，人家想要吃的話，無數的山珍海味都可以吃，苦行只是一種修行方式，自己不吃而已。就像我有別墅，但是我不住，我就在街頭鋪開報紙往那兒一躺，我就是要感受一下當我真的沒有錢的時候的世態炎涼，看看別人怎麼唾棄我、看不起我；當然也有那種好心人，救助我。但是感受三個月之後，我開著豪車回別墅了，洗一洗然後好好睡一覺，這才是修行人。

我有，但我不一定執著於我有的那些，有的時候，我就要捨一下，感受一下世間。這和你沒有，想要都要不著，完全兩回事。不要理解錯了！最要不得的一句話就是視金錢如糞土，沒有錢的天天在那兒念叨視金錢如糞土。這句話是針對有財富的人，有了財之後說我視金錢如糞土，先有再說，別給自己的無、自己的匱乏找藉口，把修行當成一種藉口。

地，你還得有個道場，不能拿個棍子四處走，當然四處走那也是一個階段性，但你總歸得有個地方、有個道場。這就是修行過程中，

法侶財地，缺一不可。

但是福報替代不了修行，修行一定要從自性本自清淨開始。這是根本、這是家、這是緣起，結果我失去了家，我從家出來了，不斷的分別，即無明了。我現在一下發現修行的正路原來是這個意思，我當下立刻止住，不再分別，不再大動了。這個止的過程，就是回家的過程，回頭是岸的過程。

修行還有一句話，「順則成人，逆則成仙」。這句話是什麼意思？人是一念無明分別而來的，萬事萬物都是這麼來的，這叫順。順就是越來越分別，然後分裂，分裂再撕裂。順則成人，六道裏面你已經是人了，再順下去就是畜生，再順下去就是鬼，再順下去就是地獄。地獄眾生都是放不下，都是執著固執，地獄眾生就叫剛強不化的眾生。誰把他拘在地獄的呀？沒有誰拘他，是他自己。什麼剛強不化？我恨他，就是他害死了我，我就得恨他，我這恨就是放不下。就算跟他講放下，「放下以後你就不痛苦了」，依然還是「我不能放下，我就得恨他，他不死我就恨，他死了我還恨！」地獄眾生全都是這樣，各有各的恨法，各有各的怨氣，各有各的不捨，所以叫剛強眾生，剛強不化。唯一的解脫之道絕不是阿彌陀佛、觀音菩薩一把給他拉出來，絕不是。

觀音菩薩只會指點迷津，絕不會伸手去抓他，只有放下自己的恨，才能從地獄中解脫。如果他帶著巨大的恨在地獄煎熬，觀音菩薩一定

拉不動他。明明孫悟空一個跟頭可以十萬八千里，直接就到了雷音寺，怎麼不背著唐僧，一個跟頭十萬八千里到雷音寺，讓唐僧自己去拿經書，就不用經過那些千難險阻呢？孫悟空說了一句話，「我要飛過去，我直接就飛過去了。但是凡人業力重如山，連佛都背不動，何況我呢。」

我們的業障、業力是什麼？放不下的分別心，就形成了那黑黑的、重重的業障業力，誰也抬不動、背不起，只有自己放下，不斷的修，只有自己才能把自己從地獄中解脫出來。你自性迷了，福報是救不了的，只有自己才能回歸到你清淨的狀態，你清淨了就解脫自在。本來所有的人都是從解脫自在中來的，因為一念無明「啪」一下，分別了一個你出來，整個世界就出來，萬事萬物都出來。

有人質疑：「不對啊，老師，這怎麼可能，我出來了宇宙萬事萬物出來了，我不是宇宙的產物嗎？」

你錯了！你才不是宇宙的產物呢，你搞錯了，宇宙是因你而生的。你沒了，你的宇宙就沒了。

有人還是不信：「老師，不是吧，我沒了，宇宙不好好的嗎？火星還在，太陽也在，大傢伙也都好。」

你聽好，你沒了，是你的宇宙沒了，但是別人的宇宙還在。

聽暈了說：「老師，我不行了，我這都聽不懂啦！」

這就對了，你要聽懂了，你就厲害了！

後面我們會一點一點講，為什麼每個人的宇宙不同，宇宙到底怎麼來的，宇宙到底是真的是假的，我們眼見的宇宙到底真諦是什麼。後面有太多的東西，好大的一個體系，但你要修道的話，必須得明白這些，必須得把整個體系通透，然後再教你密修的方法。這樣你就知道為什麼要這麼修了，以及怎麼能夠修成。這個體系很龐大，包括顯、密和心法，我現在講的是心法和顯學的一部份。

修行絕不是啥都不懂，念佛或打坐就能修成的。你帶著滿腦袋的錯知錯見，你對宇宙是怎麼回事都不知道，對與你相關的人是怎麼回事都不知道，天天就在是打坐，你能學到點啥？你怎麼可能徹悟呢？

因此，可以理解修佛的八正道，八正道就是八個方法，八條路，缺一不可。第一個就是正知見。什麼是正知見？你的知見正嗎？你知道宇宙和人生的真相、真諦是什麼嗎？知道宇宙的運行規律、規則是什麼嗎？只有通達了這些，你才能有正知見。看人的時候，你才能一眼看透人的本質，立刻知道如何與人相處。宇宙萬物的運行，與我相關的一切事情為什麼發生、怎麼發生的、代表著什麼，我能從中看出什麼，都是要仕掌握這一套正知見體系的前提下的。正知見是學佛的第一位。

有了正知見你才能有正念，然後才能有正思維，進而有正精進，只有在正知見、正念、正思維的前提下，才會有正精進。否則，你的

知見是邪的、錯的，思維是錯的，觀念是錯的，你在完全錯誤的狀態下，一定是邪精進。那麼你的正知見、正思維以及正念怎麼來的呢？一定是在明師的指點下帶你入了門，然後進入所謂「師父領進門，修行在個人」的時候，你做的事就叫正精進。

前面的正知見、正思維、正念一定得有明師帶著你，才能保證這是正的。這個明師必有傳承，才真的是明師，靠自己悟、自己研究經典，絕不會是明師。這是多麼龐大的一套體系，沒有傳承的話，是絕對不可能掌握的，再聰明都不可能。

在正知見、正念、正思維的前提下，才有正精進，然後才能有正定，才知道什麼叫定。有了正定之後，在現實中你才能有正語、正業，到最後才能有正命。正命是什麼，即自己的命運自己掌握。

這就是八正道，八正道一定從正知見來，沒有正知見，後面什麼都沒有，所以我在講的東西都是不斷的給大家講正知見。其實《六祖壇經》一開始就已經把修行的本質、修行的本體和如何修行揭示出來了，《六祖壇經》後面的所有內容，全都是對這一段核心的解讀，是從各個角度來解讀。

第四節｜大道日用知止正路　文化信仰凝聚民族

修行不難，大道至簡，越是繁複，離道越遠。大道必是至簡，不

簡的、不平淡的絕不是道。同時，大道必是在我們的平常日用中，離了平常日用的、玄幻的、神奇的一定不是道。越是玄幻、越是神奇、越是複雜、越是繁複，越側重於術，離道越遠。道一定是越學越簡單，大道修行，逆則成仙。

從現在開始，當我知道這個理，馬上修行就要做一件事——止。止什麼？止住我們紛亂的思維，止住我們外求的心。怎麼止？就是不斷的放下，放下那個比較分別之心。止住了以後，就做到一種境界：不於境上生心，不於念上生念。從這兒開始練，從止開始練。有止，然後才會有定，有定才能有安，有安才能有慮，有慮就有得了，這就是修行的正路。

有人問了：「老師，這個修行的正路，你剛才說的『有止才有定，有定才有安，有安才有慮，有慮才有得』，這是《六祖壇經》上的嗎？」

不，不是《六祖壇經》上的，這是儒學的，是孔聖人告訴我們的修行之道。大家可以去看《大學》，《大學》開篇就是這段話，在儒學的三綱領後直接就是「知止而後有定，定而後能靜，靜而後能安，安而後能慮，慮而後能得」。這一套修行的過程，和《六祖壇經》告訴我們的完全一致。但是，《大學》你能看懂嗎？你知道它是在說修行的步驟和階段嗎？看不懂的話，你如何解釋止、解釋定、解釋靜？如果這些都解釋不了，你憑什麼詆毀謾罵孔子，說孔子是為統治階級服務，要砸掉孔子像。

中華民族的不肖子孫，看不懂聖人的東西，還妄自誹謗人家，所以到現在這兩百年被動挨打。何止兩百年，從 1279 年的元朝一直到現在，整個文化體系、華夏文明，就這樣不斷的跌落，在文化大革命時跌到了谷底，到現在都沒有任何再起的跡象。要嘛中華文明就在這個狀態下徹底的消亡，一旦我們的民族文明、文化消亡，我們的象形文字沒有了，我們的語言也沒有的那一天，我們就不再稱為一個民族，而是像非洲一樣，成為一個種族了，我們就不再是中華民族，僅僅是黃種人。當沒有文化、沒有文明、沒有語言、沒有文字的時候，民族就沒有凝聚力。現在我們的文明、我們的文化，已經到了最谷底，深淵的最底層，要嘛就在這兒爆發，我們的古文明以一種嶄新的方式爆發出來，要嘛就會在這谷底消亡下去。

　　其實，現在華夏子孫就面臨著這樣的一個狀態，岌岌可危，現在的狀態是有人類歷史以來，中華民族面臨的最大危機。不要看人多，人多沒用，沒有凝聚力的時候，什麼都不是，只是一個種族，民族必須得有凝聚力的。但我們要知道凝聚力在哪裏，什麼才是凝聚力，怎樣才能把大家凝聚起來？必是要通過我們的語言文字、我們的文化，我們有共同的思維模式，我們有共同的信仰，才能凝聚起來。

　　信仰，那我們華夏，我們中華民族的信仰是什麼？哪個學者能把我們民族最基本的信仰揭示出來？先明確有沒有，如果有再說是什麼？如果沒有信仰，那太可悲了，沒有信仰的民族絕對沒有凝聚力。

有信仰才能形成民族的集體潛意識，有了民族的集體潛意識才能形成一個大的文化背景，然後在這個基礎上才會形成民族的語言和文字，接下來才是形成整個民族的思維模式和行為模式。這體系的核心就是信仰，中華民族如果沒有信仰的話，我們絕不可能凝聚力這麼強。

那中華民族的信仰是什麼？我們整個民族的文明起源是什麼？由誰起源的？怎麼起源的？必須要正本清源。然後，我們文明的脈絡是什麼？從哪裏開始，如何流傳、發展，在什麼時候達到巔峰？在形成民族起源後，伴隨著的就是信仰，信仰是對整個宇宙萬物的最基本的認識。由最基本的認識和規律的掌握，形成了我們的信仰。那我們民族的信仰又是什麼，這給大家留個課題。

然後，我們的語言文字怎麼來的？它有什麼意義？這是文化背景必須要清楚，因為這些形成整個民族的思維模式。西方的思維模式是邏輯思維，而中國人的思維模式是形象思維。為什麼形成了形象思維，形象思維和邏輯思維到底有什麼區別，各有什麼不同和優劣，這些問題都得搞清楚。因為思維模式決定行為模式，行為模式決定了結果。請各位重視這幾個課題，這幾個問題清楚了，我們整個文化脈絡就清楚了。

有人說：「老師，搞清楚這個有啥用呢？這都專業學者搞的。」錯了！沒有誰叫專業學者。六祖惠能是專業幹什麼的呢？伏羲、周文王、孔子，誰是專業的呢？沒有誰是專業的。六祖惠能就是個打柴的，

他也不是專業研究這些的，不要妄自菲薄。就算大學教授不一定能研究明白這些東西，一個魯蛇、送快遞的搞不好把這些東西全都研究明白了，這跟你有沒有文憑沒關係。愛因斯坦沒什麼文憑，比爾‧蓋茲、喬布斯連大學都沒畢業，不是文憑無用論，而是讓大家不要妄自菲薄。不要以為這些東西多麼高深，你如果把它看得太高，就沒法去鑽研、研究，你就會放棄，不要這樣。

　　有同學問：「老師，這些東西跟我要學佛和修行有什麼關係？」告訴你，這是修行的一部分。我們每一個人都是民族這個大海當中的一滴水，你如果對大海都不瞭解，如何去瞭解這一滴水啊？要想瞭解這一滴水的特性，是不是一定得去瞭解大海，他是有共性的。這是我們整個修行體系的顯學中，必須要搞清楚、非常重要的一部分，這是緣起。否則，就一個「自性若迷，福何可救？」你就解釋不了，只是在看經典的時候，一句就念過去了。「汝等終日只求福田，不求出離生死苦海，自性若迷，福何可救？」哎呀，這話說得真好，然後就繼續念下去了。但是，就「自性若迷」這四個字就能講出多少內容！什麼是自性，自性是怎麼迷的，知道怎麼迷的，就會知道整個宇宙是怎麼來的，人是怎麼來的，先有宇宙，還是先有人啊？如果你還是認為先有宇宙才有人，那就根本無法理解這句話。

　　有的同學會說：「老師，先有宇宙後有人難道是錯的嗎？」在這裏先明確的告訴你是錯的。你隨後自己去想為什麼是錯的。

「老師，我出生時宇宙就在了，因為地球形成了，適合人居住，然後就有了人，然後有我的祖先，我祖先再一代代傳到了我的父母，最後生出我來了，這不是先有的宇宙然後才有人嗎？」錯了，上面你瞭解的是假相。現在西方的物理學界對此已經開始反思，已經感覺到不對了。

你要想修行，必須得知道這些最基本的真諦，掌握最基本的緣起與規律，然後你才能開始起修。如果這些都不掌握，你就沒入門，如果繼續修，就一定是盲修瞎煉，一定會走錯路。

「自性若迷，福何可救？」這句話裏還有什麼意思呢？修行，我們要找到正路，要有方法。自性乃本體，不管修佛法、道法、還是儒學，都要從自性起修，要識得自性是何物。明心見性，要知道有這麼一個心在，同時又要通達這個性，如果對心和性根本就不知道，你如何起修！連本體都沒有了要如何修。

「自性若迷，福何可救？」這兩句話，第一句告訴我們修行的本體是自性；第二句告訴我們，為了實現修行的本體，也就是回歸到自性清淨，就要修放下分別。但是「放下」這兩個字說著容易，做起來不容易，不好修啊。分別怎麼能放下，你放得下分別嗎？不是說你從師父那兒得到這個理後，就能馬上放下的。如果能做到馬上放下，能心無波瀾、不起分別，那你立刻就了了分明，立刻就具備五眼六通，立刻就能大徹大悟了。

這是理，僅通理還不行，還得做到才可以。為什麼做不到？因為障礙太大了。什麼障礙？你以為知道理就可以放下了，當事情一來的時候，也就是境一來的時候，你內心立刻波濤洶湧，根本放不下。一個電話打來，有人告訴你說你的母親現在已經病危，非常危急，立刻你就不是你了。你可以不分別，但你能做到非常平靜嗎？當然不是說沒有情緒，情緒是可以有，但是能做到心不動、沒有分別嗎？不那麼簡單。

　　為什麼我們知道這個理也做不到？因為生生世世以來，我們的習性、慣性，這種模式已經在我們的頭腦當中，形成了深深的軌跡。境一來，馬上就應，馬上就判斷、取捨。現在要想打破這種深深的模式，可不那麼簡單。怎麼能夠打破往世以來的這種思維模式，就得靠我們平時硬練，把自己從這個模式當中硬拔出來。然後硬性的要求自己，當事情來了之後，不起心動念，不於境上生心。

　　什麼叫境上生心？事情一來，心馬上就開始比較、分別。所以從現在開始，突然來一個什麼事，馬上要分別、比較的時候，先把自己止住，先從止上練。不於境上生心，任何與我相關的事來了之後，我先止。你止不住，慣性一下就給拉過去了，但是你每天都要跟它拉扯，儘量去止。

　　不於念上生念，是指當自己有雜念、想法的時候，首先知道雜念並不是問題，沒有雜念你就沒有生命了。什麼叫雜念，即念頭，就是我們的念頭。有些法門在修行的時候讓大家止住念頭，這是不可以的。

不可以在這上面下功夫，不可以止住念頭。所有讓你止住念頭的法門，是不懂念頭是什麼。

念頭就是訊息流，我們的念頭就是像瀑布一樣，每分每秒、甚至微秒都是巨大的訊息流。而這些訊息流是組成我們人身最精微、最基本的東西，這你能停住嗎？訊息流的呈現形式，外在的就是肉身，肉身以外的所有山河大地、日月星辰等等的這些，都是我的訊息流構成的。念頭是訊息流呈現的一種方式，瀑布般巨大的訊息流是沒有間隙的，你不要說把念頭止住，要是在中間隔斷一瞬間，哪怕只隔斷一點點縫出來，馬上你的生命就沒有了。所以《六祖壇經》後面就告訴我們，稍一止念你就別處化生了，你的生命立刻就沒有了，你的世界就消失了，所以不可以那樣做。

你天天在那止念，以為止住了，最後就會搞成呆呆傻傻的。天天想自己不能有念頭、要止住念頭，認為只有止住念頭才能空，空了以後才能靜，靜了以後才能定。告誡大家，千萬不要在念頭上面下功夫！認為念頭就是雜念，跟自己的念頭去作對，就是跟你的生命在作對，不可以把念頭當成敵人！

我們應該如何下功夫呢？我們知道所有的念頭來了，像瀑布一樣的訊息流其實是正常的。我們要做到的，不是止住念頭，而是不於念上生念。真正修的是：不於念上生念。念頭一起，就開始在這個念頭上加很多對錯、應不應該，這叫念上生念。我們只是看著這個瀑布一

般的念頭，只是看著而已，不要再念上生念。這修的就是本體，從現在開始就要從止上修，不是止念頭，而是止住念上不要再去生念，讓念頭的訊息流，自然的流暢流淌，不要滯住，這叫修本體。

第五節 | 智慧正見破邪知　條條大路通羅馬

　　但是修本體說著容易，修起來可不容易，你會有各種的障礙，為什麼會有各種障礙？因為生生世世以來，一種習性、慣性形成的這種境上生心、念上生念，導致自己越來越分別，越來越分裂。分裂和分別就是，境上生出的那個心，和念上生出的那個念。境沒問題，念沒問題，境上生出的心有問題，念上生出的念有問題，我們要止是止住這個問題。這是一種慣性。除了這個慣性還有自己往世以來所造的業力、業障，它阻止你清淨，不僅你的思維模式形成慣性，同時業障還阻擋你從這種慣性思維模式跳出來，它黑漆漆的把你壓在這兒，你想動卻動不了，想要回到解脫清淨的狀態回不去。

　　慣性習性是一方面，業障又是一方面，你通過修止，來把慣性止住，同時你也得破障。破業障怎麼破？那你就得修助行，助行又是什麼？積德、行善、打坐、念佛、念咒，這些叫助行。修這些助行的意義，就是破業障。業障有很多種，第一個就是所知障。所知障得用智慧去破。那麼怎麼才能生起智慧，生起正知見來破所知障，那必是有明師

指點，給你講這些理，在你的頭腦當中形成一套正確的人生和宇宙的思想體系。你形成了正知見就能破所知障：原來我眼見到世界的人、事、物都是假的，不是真相是假相；我認為對的原來不是那麼回事啊，那只是我認為。這就叫用智慧之劍去斬邪知邪見，用智慧、正知見破所知障，這是最根本的。

所知障破了以後，智慧常常生成，你就走到了修行正道的門口，這個必須得是明師給你帶進來，否則你何以形成你的正知見？宇宙的起源是什麼，人生怎麼來的，宇宙的發展規律是什麼，運行的趨勢是什麼，沒有明師教你知道嗎？現在全世界的物理學家都在研究宇宙的形成，研究明白了嗎？但是，我們的老祖宗早就把這個通透了，而且已經把這些都應用在現實中。只是我們這些不肖的炎黃子孫看不懂、聽不明白，還在唾棄，說那是糟粕。所以用你的正知見、智慧之劍，去斬那些邪知邪見，破所知障，這個叫助行。

還有什麼業障？就是生生世世以來的冤親債主。有沒有冤親債主？你以為做過的事就過去了，害過的人就白害了？可不是那麼回事，都得找上來。你想解脫、想清淨、想成佛，它那麼容易讓你成佛嗎？你欠我的都還沒還呢！你能成得了佛嗎？這些障，就是業障，在你的生命當中黑黑的壓著你，如影隨形的跟著你。你以為所有的那些衝突、矛盾、障礙都是怎麼來的？

修本體是理，放下分別你就成了。但是你放不下，因為這些障跟

著你、壓著你，不破掉、不化解掉，如何能回歸到清淨啊！所以要通過各種有形的方法，來做破除障礙的事。這些方法就包括打坐。有人說：「老師不是說不打坐嗎？」我不是說打坐有問題，我是說要知道打坐不是修行本身。通過身體的端正，身心是一體，身正心才能正，心正身才能正，這個是相輔相成的一體。我打坐保持我的身正，念佛念咒保持我的口正，觀想保持我的意正。修身、口、意，這是破障的助行。我念的是佛，念的是咒，發的是善願，我化解的是業障、冤親債主。

但是，要記住助行不是修行本身，現在所有的人都把這些助行當成了修行本身，這是不對的。通過打坐、念佛、念咒、觀想，你障破了，跟你放下分別、回歸清淨沒有關係。不是說打個坐、念個佛就回歸清淨，就找到回家的路。釋迦牟尼佛走過這些路，四禪八定已經到了非想非非想處天，也就是入定的最高境界，還不究竟。最後從非想非非想處天回來以後，說這條路是錯的，他都試過。只是入定打坐，四禪八定到最高境界也解脫不了，所以釋迦牟尼佛一再警告後世的弟子們，不要再走這條路，這條不是修行的正路，是外道，不是正道。然後釋迦牟尼佛又嘗試苦行，現在有的修行人走苦行的路，釋迦牟尼祖當年都走過，禁欲、禁食、苦行，六年苦行，日進粒米，瘦成皮包骨，苦行已經到最極致了，餓得在河邊昏過去，奄奄一息馬上就要死了，被一個牧羊女用羊奶救活。醒過來以後說這不對，這個不究竟，苦行也不能正果、也不能解脫。告誡後世的弟子們不可以再走苦行這條路。

但是現在這些修佛的，包括各種修行的人，有多少還在走苦行的路，他把苦行當成修行的本身。佛祖本來都已經走過這些路，告訴我們不要再走，這是彎路，這叫外道，再練到極致它也不究竟，這些都叫助行。

我們要知道助行的意義是在破障，破除我們前行狀態中的障礙。我把障礙破除掉了，就可以放下了。不能說我通過打坐把障礙破掉了，所以只有打坐才能修成。錯了！永遠記住，修行的本體就是自性，牢牢的抓住大道至簡，就是簡到這個程度。

釋迦牟尼佛祖在菩提樹下成佛的時候，凌晨之時睹明星而開悟，那個時候他開始正常的吃喝，不苦行也不四禪八定了，是睹明星而開悟，不是閉著眼睛觀想，是看著那個明星。菩提樹下四十九天，並沒有四禪八定，並不是又走回了入定的路子。第四十九天的黎明，睹明星而開悟，一下徹悟原來佛性人人皆有，只是執著與妄想遮蔽故。

但釋迦牟尼佛到底怎麼開的悟啊？是通過苦行、四禪八定、念佛念咒的那些修，把他的業障破掉了，然後又經過四十九天的放下的過程。怎麼放下的，所有的他認為對的他都嘗試過了，比如四禪八定應該能開悟，苦行、念佛、念咒應該能成佛，這些全部嘗試以後都成不了，都有問題，沒有什麼方法可以嘗試了。而他一心一意就是要成佛，唯求成佛，不求餘物，沒有別的想法，就是成佛，但是所有的、他認為對的成佛之路，全都被堵住了以後，他的狀態就是一種放下的狀態，

就好像一種空白又不是空白，所有他想過的他都試了，沒有什麼可以再試了，在菩提樹下他就是一種空靈的狀態，一種不定自定、不空自空的空靈狀態，這就是放下的狀態，機緣一到，睹明星一下智慧大開，原來這麼簡單。

什麼叫佛性人人皆有？是指我們每一個人，都來自於本性本來清淨的境界。清淨的本性即是佛性，每個人都有。但是，後面由於自己的一念無明開始之後，不斷的起心動念、分別分裂，好壞、善惡、美醜就形成了比較，然後形成了取捨，然後就有了執著。執著於我認為的好，規避我認為的壞，執著的前提必有好壞，沒有好壞你執著什麼，有了比較才有執著，有了執著就有取捨。有了取捨、有了比較，就有妄想，還想要再好，財富越多越好，一定要有更多的財富，就開始妄想。執著與妄想都是從分別和比較而來。

所以說，原來我們的佛性本來就在，不用修什麼，所有的修都是錦上添的那個花、畫蛇添的那個足。修的本身就是在比較和取捨，越是這樣越執著，越是這樣越妄想，越執著越妄想就越迷，清淨的本體就會被烏雲形成的障遮蔽，就看不到自己的佛性。所以，修佛多麼簡單，釋迦牟尼佛祖一下大徹大悟。他四十九年講經說法，就是告訴我們一大事因緣，告訴我們這麼簡單的一個理：放下你的分別即是成佛正路。

那為什麼又傳出那麼多方法呢？又是顯宗、密宗、淨土宗、禪宗

等等。所有的方法和法門，都是方便法門，是因人而設的方便法門。某類人跟某個法有緣，他修這個法就有感應，那麼修這個法就叫助行，這些所謂的禪宗、密宗、淨土宗、唯識宗都叫助行。本體就那一個，助行千千萬。接引眾生，每一個法門就是一扇門，法門即進入正法之門，淨土宗是一扇門、禪宗是一扇門、瑜伽是一扇門、基督是一扇門、伊斯蘭是一扇門、密宗是一扇門，這都叫法門。引領你進入正法的途徑、門徑，你跟哪個門有緣，你就通過哪個門進，進入之後則是條條大路通羅馬。

密宗、禪宗、淨土宗、基督、伊斯蘭、猶太、道、儒，所有的這些都是不同的門，但到最高境界的時候，只有這一條正路，這是唯一，所以叫不二，佛法叫不二法門。離開了這個，就都是偏、都是外。你通過這個法門進來以後走偏了，離本體越來越遠，就叫外道。所以說，修禪、修密、修淨土不管修什麼，要知道最高的境界，要往哪個目標、哪條路上走，從哪個門入沒關係，方便法門接引各類眾生，但是一定都得走向唯一正確的路。這就是修本體與修助行之間的關係。

本體與助行，沒有助行行不行？可以的，六祖惠能就沒有什麼助行，六祖惠能一聽這個理一下人徹大悟，他沒有通過打坐、念佛念咒的破障過程，一下就悟了這叫頓悟。而漸修就是不能做到一下就悟，得通過一點一點的破障，把業障都破了以後，某一天突然領悟。但是有的人像六祖惠能，直接一點「應無所住而生其心」，一下就破了。

六祖惠能怎麼就能一下破了呢？他也是生生世世的修，也修助行，只是到了這世那個時點就差一層窗戶紙，一點破立刻就成了。你跟人家差十年，你也是生生世世修，但你差那十年，就得修助行修十年，然後才能悟。所以說，本體與助行缺一不可。

有人說：「老師我也能一下就悟了！」現在是末法時期，福薄業重，所有說「我啪一下悟了」的人，都是胡扯。是自己覺得自己悟了，有點小感應而已。所謂真悟了是什麼狀態，是往這一坐智慧就流出來了。不是說一下寫首詩，誰也看不懂，你自己也弄不明白，那叫偈子。也不是一個玻璃杯啪的碎了，接著寫首偈子，我就悟了，由一個玻璃杯開悟了、由一聲牛叫開悟了、由一個雷聲開悟了。開悟那是有驗證的，不是搞一個偈子就開悟，本來偈子就誰也看不明白。佛教公案裏面偈子多了，寫個偈子就開悟了？那我也說個偈子：「東南西北，你是你，我又是我。」好了，我開悟了，這是我的開悟偈子。別人肯定看不懂，看不懂你體會去吧，其實你自己也不懂。

要真是開悟了，那是智慧流露，馬上就能自心常生智慧。那好的，請上座，給我們來一段修行的真諦，告訴我們怎麼修，從現在開始十五天的時間全是你的，我們天天聽你講，從早上九點到晚上六點，流淌、流淌，就流淌出一部經典，而且有針對性的對應每個在場人的狀態。修行的本體是什麼，助行是什麼⋯⋯好的，你不是開悟了嗎？你能做到這一點嗎？做不到，請你下座，回去修去。

有些人說：「我開悟了，我得找個大和尚、找活佛給我驗證。」以前有幾個人跑來找我說：「范老師，你看我已經到了什麼境界，請你給我驗證一下。」我說：「對不起，我還沒到那個境界，我給你驗證什麼啊。」需要別人給你驗證嗎？當你問這句話，四處找大師驗證的時候，已經說明你就沒開悟。開了悟的需要找別人驗證嗎？開了悟的一定是說「我沒開悟」，所有說自己開了悟的，一定沒開悟。

　　「我沒開悟，對不起，我很愚鈍」，但是只要讓我坐到這兒來，至少得給我十五天時間，不然講不通。嘩嘩流淌著講，一部《六祖壇經》就出來了。宇宙的真相、規律、發展趨勢，人與人之間是什麼關係、人與事之間、人與物之間都是什麼關係；人與人是一個整體，人與事是一個整體，人與物是個整體……並沒在別的地方聽過，但這些就流出來了，這叫智慧。

　　開不開悟誰給你驗證啊，沒有人給你驗證，就看從你是否可以智慧流露。《六祖壇經》我們才講了幾句，第一品還沒講完，但是這裏面講的，你想一想，明白了嗎？六祖惠能說的那些話，「自心常生智慧，不離自性」、「菩提自性本自清淨，但用此心直了成佛」，這全都告訴我們重點。

　　「自性若迷，福何可救？」我們講這麼多篇幅就在講這兩句話、八個字。講的就是修行的本體，以及福是什麼，沒有福報你的業障就很重，得用福去消業，但是福本身不是修行是助行。講這麼多，其實

這兩句話講的就是，修行的本體與助行之間的關係。不離本體，但是得有方法去消除業障，得有方法去轉化模式，要從凡夫的模式轉向聖人的模式，所以這叫「超凡入聖之道」。

我們的所有東西都不離這幾個字——「超凡入聖」。這難道不是我們修行目的所在嗎？你已經走入「道門」，就不要再去求那些低階的、世間的小福田了。你前面還有一座大的寶藏，不要被眼前腳下的這一小顆珠寶所吸引，然後丟掉或者視而不見那個巨大的寶藏。修自性、修本體，就是巨大的寶藏在你面前，福田就是這一小顆寶石，千萬不要拿到了這一小顆寶石，然後就不看寶藏，轉頭就走了。這就是五祖弘忍對弟子說這些話的含義所在。

「自性若迷，福何可救」講的就是修行的本體和助修之間的關係。助修，包括打坐、念佛、念咒，以及吃素、禁欲，用這些修行方法去修都沒有問題。但是真正的問題是，不能把這些當成修行的主體、當成修行的本體。這些是為了對修行本體有幫助，所以叫助修。修自性，修自我，自性的清淨，那才是修行的本體。

「一念不生全體現，六根才動被雲遮。」這句話非常好的，把修行的本體說得很清楚。一念不生絕不是止念，絕不是我們平常意義上的止念。《六祖壇經》後面關於修行方法，如何修本體，有詳細的介紹，我們在這兒先給大家點出來。「一念不生全體現，六根才動被雲遮」，後面的話都是對這句話的解釋。

我們一定在掌握了修行的本體以後，就知道了修助行是為什麼。為什麼外求拜佛？比如說我們供護法，「藏密」法門，有很多的大護法，有專門修護法神咒的密修部分。我們向外去求護法對不對呢？不是說一定不能外求，而是告訴我們，外求的這部分，拜佛也好，拜觀音也好，請護法護持我們也好，這個沒有錯，也沒問題。但是我們一定要知道，這些不是修行的本體。修行是有本體的，這個本體我們抓住了，然後所有的外求、外修、助行，都是為了更好的做到本體。可是我們不能本末倒置，不能把助行當成修行的本體，認為這就是修行的本身。

　　現在世俗中的所謂修行人，基本上都搞反了。認為打坐、四禪八定就是修行本身；認為通過打坐，我最後就能成佛，就能究竟；認為吃素，而且吃全素，那我就一定能成，不吃素我就不能成。這樣太執著了，執著於什麼？執著於外修。吃素跟修行有什麼關係呢，和修行的本體有什麼關係呢？那僅僅是助修而已。說到執著，「執著」本身你放不下，你還覺得吃素就是好，不吃素就是不好，吃素的才能成佛，不吃素的、吃肉的就不能成佛，那你本身就在外道，就走向了外道，本身就在偏執著。

　　釋迦牟尼佛祖，吃不吃素啊？他在世的時候怎麼吃飯呢？一定要做全素嗎？根據戒律來講，每天持缽到城中，挨家挨戶化齋，而且不能錯過任何一家，不能說富貴人家我才去化緣，貧窮的人家就不化緣，

都不可以有分別。持缽入城去化齋，每一家都要給予機會，人家一看佛祖來了，是不是可能把最好的奉獻給佛祖啊！可能正啃著大雞腿，一看佛祖來了，就認為應該把這個雞腿敬獻給佛祖，以示對佛祖的尊重，以及內心的崇拜，把自己吃的最香的大雞腿放在佛祖缽裏面。佛祖總不能說：「施主，對不起，我不吃肉，你雞腿拿回去，換個白菜給我吧。」這是絕不可能的。化緣化齋的時候，一定是給什麼、施捨什麼、布施什麼就吃什麼。為什麼要執著於一定就得吃素，而且有的人是還吃全素，首先不是說不對，而是我們要搞清楚，這就是所謂福田。我們這是在講修行的本體和助修之間的關係，現在的修行人要理清楚，不要本末倒置。

吃素本身是在培養我們的不殺心，培養我們要惜福，時刻提醒我們是修行人。但是不可以太執著於吃素本身，覺得這就是修行，把這當成修行的本體，那絕對是錯誤。如果吃素就能成佛，或者吃全素就能成佛，那天下的牛、羊就全成佛了，這怎麼可能嘛！肉蛋奶是人體不可以缺的營養素，尤其孩子，你不能說大人修行了吃全素，然後讓這個孩子從小也一定要吃全素，最後肉蛋奶都缺失，千萬不要這樣，對孩子還是有傷害的。

不管我講的這一段，現在的修行人能不能接受，但我要把真話說出來，包括念佛、念咒、禁欲也一樣。開始修行後，認為自己是修行人，男女之間就什麼都不能有了，這樣就能成佛嗎？同樣，念佛、念咒、

禁欲都成不了佛。

　　助修僅僅是助修，永遠都成不了佛。所有那些方法，釋迦牟尼佛都已經驗證以後，告訴大家只是助修，不是修行的正道。助修可以輔助去修行，可以消業，也可以培養自己的不殺心等等，這些都沒問題，但是一定記住這是輔助修行。所以，我們再次強調一下修行的本體與輔助的修行，千萬不要把這些輔助的修行當成修行的本身。一定記住，修行是修自己這顆心，修的是自性清淨。

　　就是讓自己的本自清淨的自性，不被業障的烏雲所遮蔽，就這麼簡單，恢復我的本來面目就是修行的本身。但是不排除說我為了達到自性清淨，回歸我本來面目，而運用這些外求、外修，這些叫做方便法門。但是，主次要分清楚，這一點非常重要。為什麼強調這麼多，就因為現在的修行人，基本上都不知道本體是什麼，不知道修什麼才能真正入佛道；都是在修助行，把助行當成了修行的本身。沒有明師指引很容易犯這樣的錯，很容易就把修某一樣術或某一樣神通當成了修行。大家在這方面一定要注意。後面六祖惠能在《六祖壇經》中，其實反反覆覆的都在強調我前面所說的這些。

　　我所有講經說法，有一個最基本的原則，就是「句句不離《六祖壇經》」。我不會把我自己的東西加進去，不會把我自己的感悟加進去，我不是聖人，而是句句不離《六祖壇經》。一定在《六祖壇經》的指導下，我們走上修行的正路。

第八章

見性之人言下須見

　　繼續《六祖壇經》，五祖弘忍跟弟子們感慨了一下，說你們就知道【終日只求福田，不求出離生死苦海】，這樣怎麼能得到衣缽呢，怎麼能走上修行的正路呢，怎麼能走上正道呢！【汝等各去自看智慧】，意思說你們跟我修法、修道這麼多年，現在每個人都回去，把你的境界整理、總結一下。【取自本心般若之性】，看你們現在的自性般若，到底有沒有露出智慧之光，還是被烏雲遮蔽著，始終一點兒都沒露呢？

　　「取自本心般若之性」，本心般若之性怎麼取呢？般若之性怎麼能夠發出來呢？【各做一偈，來呈吾看】，每個人都寫一個偈子。前面我們講了，偈子是修行境界的一種呈現，是用一種類似於詩歌的形式，是境界的呈現。五祖弘忍一看所寫的偈子，基本上就知道你修行的境界如何了。修行的境界就是，修行是否走在正道上。修的邪還是修的正，發出來的偈子，就是你的內心呈現。境界就在你的言談舉止，包括你的文字之間，直接呈現出來。你做偈子來給我看一下，【若悟大意，付汝衣法，為第六代祖。】意思是，五祖弘忍跟大家宣布：我要退休了，要選傳人、選六祖了。你們都跟我那麼長時間，幹了這麼多年，誰比誰強呢？每個人都寫一個偈子來看，如果真正能夠知其大意，或者修行達到一定的境界了，那我就把衣缽傳給他。

其實，這些簡單的話裏面還有很多的深意。後面馬上就告訴他們【火急速去，不得遲滯】。意思是：趕快去，別耽誤時間，馬上各自寫偈子回來讓我來看。接著又強調，【思量即不中用，見性之人，言下須見。若如此者，輪刀上陣亦得見之】，馬上就補了這麼一句。然後，【眾得處分，退而遞相謂曰】，意思是大家都退了。

其實，得沒得到真傳，修沒修行到一定的境界，在這段話裏面就已經有結果了。當所有這些弟子都退下去的時候，其實就已經得不到衣缽了。為什麼呢？還在想，師父讓我們寫偈子，那回去我得好好研究研究、好好琢磨琢磨、好好總結總結這些年的修行心得和體會，然後再寫一個偈子出來，看能不能被師父認可。這些想法都是推理判斷，開始過腦了，都是思維模式，「回去以後，再總結……」。五祖弘忍不是這樣說的嗎？「汝等各去自看智慧，取自本心般若之性，各作一偈，呈吾來看」，這不就是說讓我們回去以後，看智慧做總結嗎？把境界寫出來偈子，然後呈上來，這不就是五祖弘忍師父讓我們做的步驟嗎？

其實這些話裏面藏著機鋒。你還用回去嗎？前面一再講「菩提自性本自清淨，但用此心直了成佛」，平時修行就是修這一顆直心。什麼叫直心？不假思索，不加考慮，當下即是。所以說五祖弘忍其實就是在誘導大家，所謂的誘導叫暗藏機鋒。

如果一千多弟子當中有悟出真意的，或者達到一定境界的，平時

就不離自性這樣在修的，那麼這時候，五祖話音一落，立馬偈子就會脫口而出，根本就不會去考慮、去總結、去鑽研、去研究偈子應該怎麼寫，這樣其實已經離道甚遠了，這些年就白修了。五祖弘忍這樣說時，暗藏機鋒，看你破得了不，有沒有弟子破了。如果這個時候，神秀真的有資格去接他的衣缽，其實很簡單，五祖話音剛落，神秀立刻就來一個偈子，不管偈子對錯、境界如何，張口就得來，直心是道場。

後面五祖弘忍的話，「若悟大意，付汝衣法，為第六代祖。火急速去，不得遲滯」，趕快去、趕快去，你們別耽誤時間。著什麼急呢？其實五祖弘忍有點急了，話音一落就應該有弟子，馬上就出來了。有人會問：「會不會有弟子知道應該馬上說，但是說不出來呢？」這些真傳的內容，也就是「自性清淨，放下分別才是修行的本體」，五祖弘忍能不知道嗎，他知道的話能不傳給弟子嗎？作為師父來講，這些一定是會傾囊相授，這是修行最根本的東西，作為師父不可能不傳。

大家天天都在修助行，天天打坐，向外求佛，求護法、禁欲、素食等等，真正的明師也會讓大家去修，但一定是有目的性、針對性的，哪個人適合修哪個助行，是根據他的業力、業障的程度、類型的不同，然後建議這個弟子要專念阿彌陀佛，那個弟子了一定要守戒、戒貪，那個弟子一定要全素食，那個弟子一定要做到禁欲、絕對不可以去想異性、修白骨觀，那個弟子一定要修大護法、修馬頭金剛，或者大威德金剛。在助行方面，師父一定會根據弟子每個人的業力不同，安排他

去修相應的助行。但是，作為師父一定會反反覆覆的跟你強調這只叫助行。那麼修行的本體也一定是天天在講經說法的時候，給弟子們天天在講。

就像現在我們講《六祖壇經》，是不是從一開始就反反覆覆的講修行的本體是什麼，應該放下分別，什麼叫無念，什麼叫無住，什麼叫定，什麼叫靜，怎麼樣能夠放下你的分別，我們就在反反覆覆的講這些。當你知道要做到這一點的時候，有很多的助行、方便法門、方法來幫助你做到這一點。五祖弘忍一定也是這樣來帶他的弟子，難道他的弟子就不懂當下真心直露，直了就是佛性顯現嗎？

到這兒有人會問了：「既然他們知道，他怎麼就說不出偈子呢？應該當下無論好壞，脫口而出就說出來了啊。」哪有這麼容易啊，理是理。比如讓你們現在脫口而出一個偈子，馬上寫出來你的偈子，你寫得出來嗎？本來你一下蹦出來的是「貓啊狗啊雞和豬，山河大地還有樹」，但是你不敢寫，認為這樣交給師父，這寫的什麼啊⋯⋯立刻比較心、分別心就來了，你敢交上去嗎？前面在講「直心是道場」是需要勇氣的，為什麼？現在想一想，這個偈子直接給我呈上來了，我馬上一看，就知道「你達到一定境界了」。

有人驚嘆了：「寫成這樣就達到一定境界了！貓啊狗啊雞和豬，山河大地還有樹，這就是境界了？」你無法理解，但是師父看到的，不是寫出來的是什麼，不是你偈子裏是否有深意，從偈子裏看的絕不

是這個。你寫都不敢寫，你信不信？你也許脫口而出，寫的就是一句罵人的話，也許四句都是罵人、或完全不著邊際的話，是完全有可能的。所以你不敢寫，你會認為：「這怎麼能叫偈子呢？偈子一定是高大上，一定是一聽立刻感覺特別清奇，特別玄幻、玄妙，一看就是高僧大德寫出來的，讓誰都看不明白，但就覺得高。」認為這樣子的偈子才能呈現給師父，其實這時你已經落入了下乘，離道甚遠。當你考慮這麼多東西的時候，道就已經離你遠去了。

現在讓你立刻寫出一個偈子，你呈現一種狀態，這種狀態就是你的思維模式，你形成固定的思維定式了。當你要做一件事情的時候，根本就不是直心是道場的思維定式。「自性清淨，自心常生智慧，智慧流露」，你絕不是這個定式，不是這個思維模式。你的思維模式：事一來，先分別，一定先想我怎麼能做好；根據做好的想法，然後一步二步三步四步，預計做好需要多長時間，再按照這個模式去做。剛才讓你立刻寫個偈子時，你的內心活動，就是你的思維模式的呈現。

修行跟你聰不聰明，能力強不強，沒有半毛錢關係。你要去從中反觀、反思自己的思維模式。我們所謂超凡入聖，六祖惠能整部《六祖壇經》，就是在告訴我們如何超凡入聖，聖人都是人做的，佛也是人做的，都是有一個由凡入聖的過程。由凡入聖是需要階段性，是要有梯子的，這個梯子就是師父。你有了師父，你就得一點一點往上走，是有秩序的。

對凡人來講，我怎麼起步，才能修成聖人呢？首先是反觀自我。我現在是凡人，一定就是凡人的模式。我起心動念就是凡人，我言談舉止、舉手投足都是凡人。我們先反觀，知道我是什麼模式，聖人是什麼模式，我按照聖人的模式，去不斷的強化，不斷的形成新的模式。思維模式決定行為模式，所以我們要從思維模式上看到我是什麼樣的思維，是凡人的，是聖人的，離凡人有多遠，離聖人有多遠。現在我徹底就是一個凡人，還是我已經走到了中間，居於凡聖之間，還是我已經接近聖人了，這都是有驗證的。修行不是糊裏糊塗的，我在這兒打坐多長時間，我的心性變成什麼樣子，我自己什麼也不知道，我得找高僧大德、開悟者去驗證。不需要別人驗證，誰能給你驗證啊！就通過反觀，不斷的反觀，不斷的對比。

有人接著問：「那怎麼又對比了？」能離得開對比嗎！現在就通過這一點，一下就看到了我們的思維模式。當老師一說，立刻當下寫個偈子，聽到後腦子一片空白，業障太重所以腦子一片空白，雞、豬、狗都想不出來。為什麼這麼說？應對、應對，何為了了分明？我這話一出，你們立刻就對呀。為什麼對不上？你自性清淨、本自清淨，怎麼能對不上，為什麼對不上呢？因為你清淨的自性上面遮蔽了一層厚厚的烏雲。當一有問題來的時候，你自性馬上就有答案了，但是你厚厚的烏雲，就把答案壓住了。自性答案根本透不了這個烏雲，所以腦子一片空白。

一聽到老師說當下寫個偈子，一片空白，連雞豬狗都想不起來，這就是被遮蔽故，業障太重了。你別以為你聰明，我們修行不是修得多聰明，不是修的能力有多強，而是修智慧！什麼是智慧，怎麼練智慧？其實我們三句話就不離這個，行住坐臥不離這個，這個是哪個要搞清楚！

第二節｜身體是假　借假修真

有的人在書上看到，不離這個，是我要意守丹田，我不能離開丹田。你那是害人害己！哪兒有丹田呢，在身體上說什麼丹田啊，身體就是一個假，你連這一點都不知道，還在以假當真，還在身體上去下功夫，百日築基、意守丹田、大小周天……在身體上不斷的下功夫。你看有哪個人的大小周天修成了？你堅定地按照書上寫的去修，精神病院就等著你了。

這不是我說的，六祖惠能直接就告訴我們，「借假修真」可不是讓我們在假上去修，你在身體上去起修，在假上去修，修著修著就修壞了。如果這個理都不懂的話，還修行什麼啊？起步即是錯，動念即是錯，就不要修！有多少人修大小周天修壞的，有的說意守丹田，還有的說天眼，就是修眉間額頭有一個松果體，刺激了以後，這裏就出現一個小窗戶，啪一下光出來了，一個屏幕在前面，想看什麼的時候，一下天眼開了，看你家有幾隻鬼。都是在胡扯！

這就是不懂啊！如果還覺得說天眼就是額頭出一個小屏幕，修這兒的松果體，這個位置就是上丹田，修出一個小屏幕，清晰度如何，是黑白的還是彩色的，山河大地、日月星辰都在這裏面了，我一下都能看透你了。所有這樣說的，不管什麼高僧大德都是不懂，都是理不通。如果你覺得這個位置是天眼，從這裏出來的屏幕，那就是理都不通。有人問：「老師，你這位置怎麼長了個天眼啊？」因為，我修對了，所以它長在這兒，這叫表法。我出生的時候額頭也是平的，後面怎麼變成這樣的？這是修行境界的一種呈現，相由心生。

　　所謂相由心生，奇人必有異相。當你修行一定時間了，比如修行十年了，你這張臉就變了。可能不用十年那麼長，你內心的變化就會從臉上呈現出來的。什麼叫相由心生？不是說你本來還有一張小孩子似的、萌萌的臉，結果修了三十年，修成一張苦瓜臉。臉上就能看出你的修行境界怎麼樣，不用寫偈子，眼睛一看就能看出來境界，越修越是圓滿相。

　　有人問：「老師，是不是一定得是慈悲相，一定得是和顏悅色的，一定得是溫文爾雅的？」那不是，有的人修對路了，就是修的金剛護法菩薩的威猛相。當你修行了十年，你如果真的是修對路了，在你的臉上不僅會呈現慈悲相，還可能會呈現佛的三十二相之一。你們自己去網上查，佛的三十二相是什麼。有的是眉毛，有的是耳朵，有的是肉髻。佛的三十二相就是修行者的驗證。

如果你修了十年，臉上一點變化都沒有，沒有出現一點吉兆，即圓滿相，說明你的心性根本沒變。那你就要好好的檢討，你修行的路對不對。如果修佛修的是正道，你必是儀表端正、五官端正，讓人一看正氣凜然，絕不會給人肖小之相。見面一看老鼠似的賊眉鼠眼，說你修佛修了十年了，修成賊眉鼠眼的樣子，那你修的其實就是老鼠的功法，修的就是邪門歪道。

　　你的心修成什麼樣子，你的面相就呈現什麼樣。天天你的心賊眉鼠眼，你的表相上絕不可能正大光明。所謂成於內而顯於外，內心的一切，都會在你的臉上呈現出來的。

　　只有修邪了，修外道，修得有問題，心跟著變了，才會出現所謂的「缺一門」。缺一門，即「鰥寡孤獨殘貧夭」。修偏的人，又刻苦的去偏著修，越偏還越刻苦，走的不是正道，最後身上就會出現「缺一門」的症狀。有人修行，修著修著就缺一門了，本來是好好的，後面修著修著身有殘疾，眼睛失明了、腿殘廢了、手殘了或者出重大的意外大腦殘了；有的修得都遠離人了；本來以前還有點錢，修修……什麼都沒有了，就應了缺一門的「貧」；有的被看作是高僧大德，天天給別人講經說法，結果自己只活到四五十歲就沒了，那叫「夭」；很多修行人修錯路了，修的路不對、不正，結果自己死得很慘，子孫還有各種災禍。

　　如果你修行修正了，全家人、整個家族的人都跟著你趨向圓滿，

都會和順圓融，都會富足、健康。你修正了，會影響你的家人、你的家族，就是所謂「一人得道雞犬升天」。

如果你修得不正，修邪了，然後還拼命去修，不僅自己得不到好果子，會應了缺一門。連帶你的子孫、家庭、家族都會受災、受殃、受你的牽連。所以我再提醒大家，修行這條路可不是那麼好走的。歷史以來，修行是最高智慧的人走的路，這條路可不是什麼人都能走的，可不是那麼好走的！你要清楚，我在此再奉勸大家一句，未遇明師，不要妄自修行，不要盲修瞎練。這會把你正常的生命運程打亂，一旦打亂了，是向好的方向去，是越修越高、越修越昇華、越修越圓滿；還是越修越糟，越修越下了地獄呢？你不修，只是把人做好，可能還下不了地獄，但是一發心了，你盲修瞎煉就開始修煉去了，搞不好就跟著下地獄了。

所以，修行是所有的事業當中最高的事業。如果真的找到了明師，能夠走上修行正路的話，變化會相當的快。和順、圓滿、圓融、平安、健康，不只你一個人，而是你的一家、一個家族，甚至你的公司、企業都會被你所帶動，甚至一方水土你都能感化，一方水土都能趨向於圓滿，你所在的地方，都是風調雨順。

如果你修邪了，你走到哪兒、住到哪兒，本來那兒像花園一樣，過幾個月以後就跟垃圾場似的。為什麼？因為外境都是心的呈現。有人問：「外面有個垃圾堆跟我有關係嗎？」你說跟你有沒有關係？跟

所有這個社區能看見這個垃圾堆的人都有關係,這叫共業。你也是其中的一分子。我搬到這個有垃圾堆的社區了,我就看著這個垃圾堆,這就是我的起修處,一定在我心中有個位置,有垃圾沒有清除掉,所以外面才會顯化出來這樣一個垃圾堆。

雖然對於這個社區的所有人來講是共業,但是我只管我的,我通過這個垃圾堆、外顯的這種狀態現象,我要反觀到自心哪裏有放不下的、或該淘汰的垃圾,沒有清除掉。它一定在影響著我,因為垃圾堆對整個社區的環境是有影響的,我要來修,把內心的這一塊垃圾清除掉了,相應的外面的垃圾堆就會被搬除走了,這就叫相應、內外相應。

我們修行就是通過外顯的現象來反觀我們自身,並不是自己從自身上找我的心。找的是我的心、我的自性到底被什麼遮住了?找到那塊烏雲,把它撥開!不是那麼簡單的,那是理,還要有具體方法。但方法之上,你得知道最基本的理論體系。就像剛才打的比方,內外相應就是理論體系的一部分,你在外面看見與你相關的環境就是你內心的投射,與你相關的人、跟你接觸所有人都是你的人格的投射,這就是一些最基本的理。

如果這些理你不通,你還與世隔絕著,都不知道外面垃圾堆跟你有什麼關係,你如何起修?天天就知道打坐、念佛,什麼理都不通,你怎麼去找內心,怎麼去消業障。這樣,就算打坐念佛,也念不好、打不好。因為打坐、念佛是助行,是給我們消業障的。連打坐跟業障

有什麼關係都不知道，念佛怎麼能消業障呢？如果理不通，不知道為什麼做，你做什麼都是錯，所以修行不是那麼簡單。

當然，大道之理至簡至易，但是你要能理解大道之理，一定是在掌握一整套的理論基礎，整個理論體系完全通透的前提下，你才能理解那個簡單的大道之理，否則的話你只是淪於表面。大家都會說「一念不生全體現，六根才動被雲遮」，「一切向內心看，不要向外求」。這些誰都會說，但是如何起修，怎麼修？就不知道了。

所以，《六祖壇經》句句都有深意，從此能延伸出太多的東西，可以說從《六祖壇經》裏面，能夠把佛法的一切教義，都能延伸出來。從《六祖壇經》裏面，又能把我們華夏文明的整個文明和文化體系，從起源一直到脈絡、發展，都可以延伸出來。這就是《六祖壇經》的意義所在。

第三節 | 無漏神通

剛才讓你們試一下，能不能脫口而出一個偈子，這就是在看你的境界。你已經跟我修了好幾年，如果現在讓你寫一個偈子，大腦一片空白，你想想你的境界如何；或者說不是空白，一下蹦出來了「貓啊狗啊雞和豬……」，沒遮蔽就蹦出來了，但是蹦出來的你不滿意，你的境界也出來了，認為「貓啊狗啊雞和豬……」太俗，「這是什麼啊，

一點境界都沒有！」這就是在分別。這就是你分別、比較的模式，什麼事都求最好，什麼事都求你所謂的完美的模式，所以你做不到了了分明，做不到直心是道場。兩個境界，一個是大腦一片空白，什麼都出不來，連貓狗都出不來，這是個境界，業障太重；另一個，貓狗出來了，不敢寫，你在分別，這就是你的模式，但同時能看出你的層次。

「貓啊狗啊雞和豬，山河大地還有樹」，我告訴你，你要真寫上了，你要拿給我看，什麼都不想直接拿過來了，這幾年你沒白學！旁邊的人不服了：「老師，就寫成這樣，還沒白學？」這就是看的點不同，你看到的是這個詞有什麼含義，我看的是應對的模式。

而五祖這些弟子們呢，甚至連這個想法都沒有，連嘗試都沒有，包括神秀在內。還等著回去以後，靜下來，洗漱供養都完畢了，往那兒一靜，要寫個偈子了。其實全晚了！一離開師父的門，他們已經沒有機會了。包括神秀，後面那幾天的狀態，哪是聖人的狀態，那就是凡夫的狀態，怎麼修也是凡夫。

所以，五祖弘忍其實有點生氣了，當他一說出「若悟大意，傳汝衣法，為第六代祖」，這個話音一落，立刻下面就應該有弟子相應，說：「貓啊狗啊雞和豬，山河人地還有樹。」直接就脫口而出了，其他弟子一定哄堂大笑：「這是什麼玩意啊！」但是五祖弘忍立刻就會把衣缽拿出來。有人問：「老師，這個都算，那我說的比他還好。」那也已經沒用了，比的不是誰的詩作得好，這裏不是詩歌大賽。

看到沒人說話，五祖看著就有點急了，「火急速去不得遲滯」什麼意思啊？其實就一個字，「滾！」意思是，你們這些弟子呀，快快快走，別在我這呆著了，快走吧！有生氣了的感覺，你一分鐘都別在我這兒留。

話說回來，五祖教了好幾十年了，也教了一千多個弟子，很多都感覺修得還不錯，師父都已經馬上要退休了，本以為可能有幾個弟子還會有所成就，結果一個相應的都沒有，這不急了嗎，有點急火攻心的感覺，「火急速去不得遲滯」，快走吧，都滾出去！但實在憋不住，還得點一點，馬上又說先別滾，回來還有一句話告訴你們。弟子說，不是師父你讓我們回去各自看智慧，然後成一個偈子嗎？怎麼回去又不對了呢？五祖也是實在忍不住了，說「思量即不中用」，我讓你們回去你們就回去啊，有點悟性沒有啊！實在沒辦法了，點不透啊！

「思量即不中用，見性之人，言下須見。」五祖都急了！意思是，我話音剛落，你要真的見性了，你自性是清淨的，偈子脫口就出來了。貓啊狗啊雞和豬，「啪」就出來了，不會比較好壞，一下就出來了，這叫「見性之人，言下須見」。「思量即不中用」意思是，你一想，一加意識就開始比較了，比較出來的，絕對是離道越遠；「不中用」意思是已經遠離了你的本性，遠離了自心本性，不是清淨自性了。被烏雲遮蔽了，被污染了的東西，經過烏雲後出來了。你的意識都已經不斷的分別、判斷，然後比較，再出來的東西就已經沒用了，這就叫

「思量即不中用」。

「見性之人，言下須見」，這邊一說，那邊立刻就應對，哪有什麼對錯之分 。「若如此者，掄刀上陣亦得見之。」如果真的見性了，跟別人在戰場上正拼死拼活，自性也不離。正在殺人，或者人家要殺他的時候，師父在旁邊說：「給我來首偈子。」立馬脫口而出，都不受影響，這才是見性之人，了了分明。

所以大家都想神通，都去求神通，求神通者無一例外，必是缺一門。如果你求神通，就叫「有漏神通」。神通是有了，但是也有了漏，就是缺一門。鰥寡孤獨殘貧夭，你想要哪個？有意識的去求，你得到東西必有漏。我們真正想要的是無漏大神通，是圓滿的、沒有漏、沒有缺，而那種神通是自然而然的呈現出來，不會驚世駭俗。

得道者絕不會在眾生面前表演所謂的神通，驚世駭俗的神通，絕不會！但是他跟你見面了以後，他隨意的給你一句話，一下就會打到你心裏，就把你在心裏面積壓了多少年的困惑，一下解開。所以經常有人會說：「師父，您怎麼知道的，我聽了您這句話有種莫名的、特別的感動。」這是不是神通啊？神通是用於助人的，不會外顯的。

真正的大神通是什麼？最大的神通，能化解、轉化世界上最硬的東西。那什麼是世界上最硬的？是剛強不化的心。就是我們這顆心，比世間的鑽石還硬千倍萬倍。最難化的，最不容易改變的，最頑固的就是我們的這顆心。真正的大神通是什麼，是化自己的心，讓自己的

心變成繞指柔、圓融，同時也能點化眾生的心，這才是大神通！

　　真正的得道者，絕不會去表演那些小神通，以此來驚世駭俗。絕不會拿一個勺子，一下弄彎了讓你看：「厲害吧，有力量不？」絕不會做這些表演。你能把勺子弄彎，能把蛇抓來，可你能點化人心嗎？能導人向道嗎？你能真正拔眾生之苦嗎？能把宇宙自然發展的起源、規律，人生的規律講清楚嗎？你能引人向善嗎？用這些所謂的神通，只會把人導向信服你，來拜你，讓你去替別人解決問題，你是教主。你厲害，一出手就把腫瘤給人拿掉了，然而你把腫瘤拿掉了，你能改變他的心嗎？如果他的心不變，他的思維模式、行為模式不變，他是不是還會長腫瘤啊？你每一次都給他去拿嗎？佛菩薩絕不會這麼去做。那種所謂的神通都叫有漏神通，所有不斷的在眾人面前表演那些神通的，自古以來最後都沒有好下場。既然那麼厲害，怎麼掌握不了自己命運呢？

　　記住，那些不是佛法，千萬不要被那些所蒙蔽、迷惑，我們要學就學正法、正道。正法、正道必是從心起修，本體就是這顆心。這顆心怎麼修？「一念不生全體現」，是不是就是大神通啊？「全體現」意思是任何的人事物一來，馬上裏裏外外、前前後後看得清清楚楚，這就是天眼，天眼通。真正的五眼六通，是大神通。

　　我們現在是在學心法，那師父要傳密修，就是要傳五眼六通的方法。五眼是肉眼、天眼、慧眼、法眼、佛眼。肉眼我們都具備，如果

你兩隻肉眼是盲的，那就是肉眼不通。至於天眼、慧眼、法眼、佛眼，所謂的密修，就是教大家這些，是一整套的理論體系，首先得知道天眼是什麼。

剛才說到天眼絕不是額頭發出一道光，或者出現一個小屏幕，或者一閉眼睛就看見什麼東西，那叫幻覺，絕不是什麼天眼。真有這樣的人去表演，跟 X 光似的一下把人全透視了，就是我們剛才說的小神通，會缺一門，因為不如理、不如法。天眼是什麼，是怎麼練的？是從哪個部位出現的？如果這些理都不通的話，就根本不會明白。如果你師父講不清楚天眼是什麼，怎麼修這個天眼，那絕不是明師。理都不通肯定不是明師。

有人說：「你看我那個師父天眼都開了，一閉眼睛什麼都知道。」是不是真的知道？他可不可能做到百試百靈？他能經得起驗證嗎？偶爾可能說對了，還不一定知道怎麼對的，時靈時不靈，理都不通不會真的靈。所以說，是否明師，就從他對五眼六通的解釋，以及是否知道怎麼練的方法，就能看出來。

你只需要聽師父怎麼說對天眼的理解，天眼怎麼來的，天眼怎麼練，能不能馬上就有天眼，你就知道這位師父是不是明師。我在這裏告訴大家，天眼人人都有，人人都是開的，天眼絕不是練出來的。

有人說：「天眼是不是意守丹田，之後百日築基，小周天到了松果體，到上丹田以後，刺激刺激，聚集能量，閃電、閃光就出現，然

後突然一下天眼就開了！」告訴你，所有這樣說的全都是胡扯，千萬不要這麼練，提醒大家千萬不要這樣去練！太多的人這樣練，最後練的血脈倒流、氣血不安，覺都睡不了，然後內心極其恐懼，就會出現幻覺。怕黑，怕那種恐怖的聲音，一點小動靜都驚恐得很，然後就出現幻覺，再往後就進精神病院了……千萬不要用這些方法練。

　　記住！天眼不是修出來的，不是練出來的。有人說：「老師，是不是活佛仁波切，能量特別大，給我灌一下頂，天眼就出來了？」絕對不是。天眼人人都有，天眼不是練出來的，而是師父點化出來的，這就是密修的那一部分。理，理論體系必須具備，這叫顯學，即正知見、正思維、正念、正定。理論體系是方向，真的具備了理論體系，大的方向沒錯，理通透了，然後再有方法，密修是方法，必是師父單傳才有這種方法。理和方法同時掌握，再配合心法，這才是一個完整的修行體系，缺一不可。

第九章

謾作偈頌枉用心力
求法即善覓祖即惡

第一節｜世上本無事　庸人自擾之

　　五祖弘忍真的沒辦法了，也不知道他這麼多年是怎麼教的這些弟子們……師父肯定是教，但是弟子是怎麼回事呢？所以都生氣了！「思量即不中用」，這是不是矛盾呢？前面說各自去看智慧，然後給我拿個偈子來，這還和顏悅色。說到這兒「思量即不中用，見性之人，言下須見」，還用回去啊！當下就應該看到，馬上就應該拿出來，結果大家還是聽不懂。「若如此者，輪刀上陣，亦得見之」，話都說到這份上了，真是沒辦法。這就是說衣缽沒法傳了。

　　但是五祖都說到這個份兒上了，弟子們還是聽不懂，【眾得處分，退而遞相謂曰】，心安理得的出去了，師父講的話一句一字都沒聽懂。【我等眾人不須澄心用意作偈，將呈和尚，有何所益？】你看，心安理得的說：「咱們就別做了，還費那心思做呢，反正師父那也通不過，也得不到衣缽，有什麼用呢？」自己都不相信自己能夠得到衣缽。首先是不信，然後就是得過且過，連努力也不努力，也沒必要努力了。

　　這讓我們從中看出模式，所謂凡人的模式和聖人的模式的不同。他認為爭取不到的東西，就不用努力爭取，沒有自信。五祖弘忍天天在講，入佛門的都知道，佛性人人具有，本性本自清淨。這是人人都有的，就是你們都是佛，都有佛性。你只要按著正確方法去練，你就能練成佛，何況是作為高僧大德呢，你得一個衣缽算什麼呢。但凡人

177

的模式就是，你再怎麼說他是佛，他也覺得「你是佛，我不可能是佛」！他會說「我祝你勇猛精進，你修成佛了以後帶我一下」。凡人是不是都這樣，「你修成佛了，你得道了，我作為雞犬也能升天」。這就是凡人的模式。

但是，你覺得得道之人，真正升天那一天，真的能把雞犬帶上去嗎，可能嗎？凡人業力重如山，那雞和犬沒有業力嗎，你能把牠的業力都消掉了嗎？如果你能消掉了，牠自己就飛升了，還用你帶嗎？如果你沒把牠的業力消掉，或者牠自己沒有把自己的業力消掉，你帶得上去嗎？是不是這個道理啊？但是好多人都是這種心態：「我是沒辦法爭取了，我爭取也沒意義，寫也沒用。」

然後，【神秀上座現為教授師，必是他得。我輩謾作偈頌，枉用心力。】就這一段話，就看出他弟子的水平和層次了，還覺得偈子是像寫作文一樣，老師給出了一個題目，然後下去自己去寫作文，必須有作文六要素，時間、地點、人物，敘事有開頭結尾，這麼寫才叫用心力。師父那麼點，也沒辦法，就是破不了邏輯思維的模式，凡人的模式在這一段話裏充分的表露出來。沒有自信，不相信通過自己的努力能夠達到這個高度，把希望寄託在別人的身上。

「神秀現為教授師」，五祖弘忍並不是收了弟子後，都親自天天教。神秀是五祖弘忍的大弟子，叫首座，大弟子即第一個收的弟子。後面這些師弟們來了以後，是由神秀來教導，代師授藝。在古代，師

父不會普羅大眾全都教，就教幾個核心的弟子。然後這幾個核心弟子，再往下教剛入門的，師父也不能總教剛入門的。然後等你到一定階段以後，有的人根性起來了，學有所成，師父才親自去教。神秀就是這個教授師，叫首座。所以說大家都依到神秀這兒，都覺得「神秀在教我們，那他比我們厲害多了，我們做什麼偈子啊」。這些師弟們可能還想，「我要是寫個偈子給師父了，神秀該怎麼看，是不是認為我跟他爭奪六祖的位置？」這就在加自己的各種顧慮、擔心，各種的比較、分別。

我們在現實生活中是不是也是這樣。前面不是講過要知道人情、人性，連五祖弘忍都得顧及人性。是的，這就是一個度的把握。什麼叫平衡，你不能因為顧及人性而失去機會；你也不能知道要努力爭取機會以後，就完全不顧及人性。兩個極端肯定都不好。五祖弘忍那麼去做，有百利而無一害，既保護了六祖惠能，又顧及了弟子們的心理狀態。所以，他用這種方式顧及一下人性、人情，不會直直的就來。只有直也不行，直是有智慧的。就像前面講的，直直的當面評論領導穿的衣服難看，搞得領導心情不好，又氣又恨的，那都沒有必要。有時要顧忌人情、人性，有時就要直。

那什麼時候需要顧慮人情、人性，什麼時候需要直心是道場？放下那個分別吧！我如果說，什麼時候應該顧及人性，什麼時候應該直心是道場，那我也在分別，教你的就不是智慧，而是教你知識性的東

西，就變成背誦內容，「五點情況下應該顧及人性，另外七點情況下應該直心是道場」。這不就又落入下乘了嗎？

我們在學的是，到那一刻，言下該應對的時候立刻就應對，該說的時候一下就說出來，也沒有什麼該與不該，直接就表達了。也沒有為什麼，傷害別人就傷害了，別人恨自己就恨了，但是沒有為什麼，就直接出來了。但有的時候我就不直接講出來，我就不說，我就不露，為什麼不露呢，沒有為什麼。

放心吧，當你真的自性清淨，清淨心現前的時候，那智慧就現前了。智慧現前的狀態是，角度、分寸你會拿捏得非常的好。只是你的意識不知道，但你的心可是萬知萬能、了了分明的。所以你在處理問題的時候，就能處理得恰到好處，不是分析判斷來的。這是智慧現前，智慧流露的狀態。這是我們要達到的一種境界，直接呈現，但是又不逾矩，不顯得特別無禮、特別狂妄、特別任性。

所謂「隨心所欲不逾矩」，這是孔聖人修到了七十歲的時候才達到的境界，可不容易，孔聖人修了一輩子。那我們現在剛剛開始起修，修行路漫漫。但是我的起修處，即是我的終止處，從這兒起修，走了一大段路，終止的時候還是又回到這個點，這就是修行，畫了一個圓。沒有更多、更神祕、更玄妙的東西，沒有更深的所謂的理。其實如果你一下聽懂了，那當下就見性，當下就有了，但是沒這麼簡單！

想一想，一千三百多年前時的古人，相對心思比較單純，還沒有

那麼多的所知障和業障。現在是末法時期，福薄業重，在這種狀態下，我們更得勤奮的去修，因為我們頭上的烏雲蓋得比一千三百年前，五祖弘忍的弟子們還要厚，所以我們得拼命努力的去改變我們的模式，打破頭上的烏雲。要打破烏雲，可以修善、修福、積功德，打坐、吃素、禁欲、念佛、念咒、讀經、放生，這些都是破業障的方法。同時，不離本體，不離自性，隨時放下分別，這樣結合起來修，才能以最快的速度把遮蔽我們的執著與妄想的烏雲打破。所以現在別急，急也急不得。

　　人生就是幾十年，這幾十年沒有修成，只好來世再修，但是來世還有沒有這機緣呢？生而為人已經難能可貴，然後又能遇明師、聞正法，百千萬劫難遭遇啊，太難了。所以，下一生能再成人學到正法，機遇機率得多小啊，太小、太小了，一定比中大獎、中彩票的機率小得多。所以，既然現世生而為人，現世又遇明師、得正法，那還不拼了命的修啊，一定得是即身成佛，即身成就。我抓住這一世的機會，即身成就了以後，後面生生世世，我的命運就掌握了，就大自在了，生命形態由我自己來掌握了，這就叫出離生死苦海。

　　蹉跎歲月，過得其實非常快，一定要勤修苦練，這個時間說錯過就錯過了。剛開始就給大家算過，我們的有效時間就一萬天，其實你哪有一萬天，那一萬天是從零歲出生一直到一百歲死的時候，有效時間是一萬天。但是你出生就懂事了嗎，多大時候能獨立掌握自己的時

間？如果到十八歲的話，得去掉多少天啊！就說從十歲你有點想法，有點主見，好像能掌控命運，十歲就清醒了，那前面十年從一萬天裏，又去掉至少一兩千天，你的有效的時間就剩八千天了，這還沒算上看抖音、玩遊戲的時間。你在這有限的時間內，能不能做到即身成就啊？

禪講究頓悟，就是學了當下即悟，這是頓教法門，頓悟講的就是即身成就；密，藏密、密宗講究的是即身成佛，我這一生就成佛、虹化、得大自在，我的生命形態就由我來掌握，這一生我就得修成。密跟禪是一樣的，禪即密，密即禪，是一回事。有人問：「禪怎麼能是密呢？密有各種儀軌，各種念咒、磕長頭等等修法，各種供養上師等；而禪什麼都不講究，什麼形式都沒有，那兩者怎麼能是一回事呢？」告訴各位，不要有這個分別，禪即是密的最高境界，最高境界的密就叫「光明大手印」，也叫「恆河大手印」、「圓滿大手印」，那是密修到最高狀態、最高境界的時候，修到無形了，就是禪。

前面所有的一套修法都叫助行，就是所謂消你的業障、破你的知見。入密，先從消障開始，一開始規定幾大戒不能犯，然後磕長頭，每天多少個長頭，念多少經、念多少咒、打多少坐，各種儀軌，一天二十四小時讓你忙得不亦樂乎，就是為了消你的業。他從消業開始，看似漸修，就先把你的烏雲都一點一點散掉，等到最後的時候，再把「本體自性、放下分別」一拿出來，你一下就能徹悟了，那就是光明大手印，就是圓滿大手印，即身成佛，即身成就。這是密的修行。

禪的修行是講的更高的修行，直接達到最高的境界。那業障怎麼辦呢？禪有直接針對業障，一瞬間就消掉的方法。後面我們就會學，瞬間就會把你的所有的業障消掉。瞬間，是指一悟即消掉了。什麼叫一悟，後面我們會學到。

　　所以，禪即是最高的密，密也是禪。禪即密，密即禪，講究的都是即身成就。其實，包括淨土宗也是，不是死了以後去西方極樂世界，不是死了以後阿彌陀佛才來接你。是你活著的時候，阿彌陀佛就來了，這叫往生，那不是指死了，活著去西方極樂世界就叫即身成就，都是即身成就。所以我們一定不要覺得成佛要經過百千萬億劫，多麼遙遠，如果你那樣想的話，那你這一生就給自己找了藉口，就是我這一生反正也成不了，我現在剛開始起修，一點一點修吧，反正是多少億劫以後我才能成佛。如果這樣想，那你多少億劫以後你也成不了佛，不可能成。就這一生，這一生沒了後面你也別想，就是這個道理。

　　【諸人聞語、總皆息心】，大家一聽有人說這種話，「算了！別跟首座神秀爭了，反正跟咱們也沒什麼關係。」這些都是凡人心態，考慮得太多。凡人的模式就是這樣，碰到一點事情就東想西想，考慮很多。可真的碰到事情以後，考慮那麼多也都沒用。每天都在這種狀態下煎熬，凡人就是這樣。聖人心中無事，也不去找事，但是事來了直接就應對，事過去了馬上就過，雁過不留痕，這就是聖人，總是能保持心境的清淨平和。可世人都是「世上本無事，庸人自擾之」，想

得太多，顧慮得太多。

　　所以我們要從這裏起修，從現在開始要把我們波瀾起伏的心、分別比較的心止歇住。分別、比較的心就像業風一樣，不斷的在吹襲著湖面，讓湖水起了波瀾，不斷湧動，這樣日月星辰、山河大地才映照不出來。修行就要從止歇處起修，止歇而不是斷、不是止念，不是讓自己沒有念頭，而是「不於境上生心，不於念上生念」。從這一句話起修，這是佛道儒共同的修為方法。佛叫放下；道叫損，「損之又損，以至於無為」；儒學叫止，修止而後有定，止的就是分別比較之心。

　　有同學問：「老師，儒學也講究不讓分別，不要比較？」對！儒學最高的境界，就是中庸之道；道法的最高境界叫無為之道；而佛法叫清淨涅槃之道，都是一回事。中即守中之道，中即陰陽平衡，既不側重於陰，又不側重於陽，平衡的狀態也是佛法所言的自性清淨的狀態。一旦你比較，陰好還是陽好呢，這時心就開始波瀾起伏了。平衡的狀態即是不分別、不比較的狀態，只有這樣才能達到守中之道。道家講是通過損，損的就是所謂境上生的心、念上生的念，起修處都是一樣的。密宗是從比較處、分別處起修，先從信上修，各種的信、各種儀軌、各種考驗，等修到最後的時候，告訴你放下這些，這些都是假，還是同一回事。

　　這樣，大家也不去作偈子了，心安理得的，反正也接不著衣缽，衣缽就是首座神秀接，我們還能跟首座去爭嗎？大家心生一種退讓之

心。【咸言：「我等已後依止秀師，何煩作偈？」】意思說，「我們反正現在也沒修成，五祖弘忍師父退了以後，把衣缽交給神秀首座，神秀就成了我們的師父，以後就跟他慢慢學，我們現在就別麻煩作偈子了，作也沒用。」眾人就是這樣想的。

那神秀又怎麼想的？【神秀思惟】，就這四個字，尤其是「思惟」這兩字，神秀的境界就落入下乘，還要思惟……師父在前面已經說了，「思量即不中用」，他還在思惟！「見性之人，言下須見」，還用思惟嗎？這就說明還沒作偈子，神秀已經落了下乘，不管你作出的偈子是什麼樣的，其實已經得不到衣缽了。根本就沒有悟出這個理，從神秀離開五祖弘忍房間的那一刻起，他就已經得不到衣缽了。五祖弘忍反覆的說言下須見，話說完立刻就得應對，你還真的回去想啊，這是什麼悟性！修的都是什麼呀，是佛法嗎？是智慧嗎？怎能把佛法當作現實的專業知識，佛法修的是大智慧。清淨的自性，自然流露出來的才叫智慧，一雕琢、一思惟、一考慮就已經不是智慧了，就變味了。

神秀想的很多，【諸人不呈偈者，為我與他為教授師。】意思是：「這些弟子們之所以不獻偈子，是因為顧慮我，因為我是他們的教授師，在代師傳藝。」神秀在想別人是怎麼想的。後面又想【我須作偈，將呈和尚。】好像變成自己的一種責任，「如果我不作，師弟們再不作，那怎麼能行，我必須得作。」加的這些意念，這不就是個凡人嘛！【若不呈偈，和尚如何知我心中見解深淺？】他把師父看得太低了，根本

就看不透師父。還必須得通過自己的偈子，師父才能知道他的水平。其實，他那點兒水平師父早就看在眼裏，還需要呈偈子嗎？根本不在於偈子本身寫了什麼，師父說時當下沒把偈子拿出來，就已經過了時機。也就是說神秀根本沒理解。

【我呈偈意，求法即善，覓祖即惡，卻同凡心奪其聖位奚別？】意思是：「我要寫這個偈子，其實不是想當六祖，而是讓師父知道我的境界。如果是為了求這個位置，那我是貪，即惡；但如果我寫的偈子師父認可，就能把密法教給我，把衣鉢傳給我，我想得到師父的密法，而不是想搶六祖的位置。如果我是為了求這個位置去寫偈子，那和凡人奪取聖位有什麼區別，我不也成了凡人，想去爭奪了嘛！」神秀還是心中有善惡，這樣做就是善，那樣做就是惡。善惡、比較、分析、分別……「我應該怎麼做，這麼做對不對，是不是應該這麼做？如果那麼做的話就不對，這麼做的話還有情可緣。」就是凡夫一個，枉他跟師父學了幾十年。

【若不呈偈，終不得法。大難大難！】意思是：「我如果不寫這個偈子，那師父的密法就不會傳給我呀，我還真想學法！怎麼辦呀？大難大難！」這就是個凡夫的思維模式。我們碰到問題的時候，是不是也是一樣顧慮來顧慮去，「我到底應該怎麼做？這麼做有什麼利、有什麼弊、有什麼什麼……我應該怎麼做？真難啊！」這就叫煎熬。所以說痛苦來自於哪裏？痛苦其實就來自於分別，由分別而分裂，由

分裂而撕裂。神秀是不是已經開始分別了，而在「大難大難」的時候，就已經分裂了。覺得這麼做也不對，那麼做也不對，怎麼辦？在他心中就開始煎熬。

　　而聖人會煎熬嗎？聖人不會。事來則應，過去不留，既不會留在心裏，也不會去找事，「天下本無事，庸人自擾之」。聖人隨緣應對，事來了我也不躲，事不來我也不求，來了就正常應對，過去了也不留，在我心中沒有什麼影子。所以，聖人總能保持自性清淨的狀態，又隨順著世間眾生，隨順著世間的人事物應對。在這種狀態下應對事物的時候，才真的能夠做到智慧流露。智慧流露是什麼樣的呈現？其實就是，當你在無思考、無分析、無判斷、無分別、無取捨的時候，發出來的東西都叫恰到好處。怎麼能做到恰到好處？你根本不用意識想，也不用去理解，沒有那麼多為什麼，到時自然就知道怎麼應對。

　　就比如明天要演講，你準備得越充分，上臺以後可能越緊張；而沒怎麼準備，上臺以後發揮得卻挺好，而且往往是臨場發揮的效果會很好。為什麼呢？背下來的那是你經過深思熟慮、分析比較、符合邏輯，想給大家的東西，但不見得是大家想要的。所以，你自己覺得去演講發揮得很好，但是下面沒有共鳴，因為這是你想給的而不是人家

想要的。你要給到大家想要的，才能引起共鳴。那怎麼能做到這一點呢？有的時候不加準備、隨機應答、沒有任何預設的時候，反而能跟大家心心相印、契合上了。不知道自己為什麼這樣說，本來沒準備這麼說，但上臺之後就想這麼說，為什麼想這麼說？是因為臺下想要，你的心都已經感知到了，然後你這樣說出去了，是不受意識、邏輯性制約的，反而效果就非常好。而越準備就越生硬、越死板，效果就越不好。

有人說：「老師，我明天要去演講，我就什麼都不準備直接上去？」對了！就要從這兒練，你有那勇氣嗎？比如明天給你一個小時時間，要對著全體的員工發言，你能做到這一點嗎？不做準備上去直接講，也不知道自己講什麼，這是需要勇氣的。但是你要知道，修行就從這兒起修。我們過於強調什麼事情都要事先做好準備，都要把流程整理好！當然，基本的是要有，我們講的也不是那種特別偏的情況，也要看是什麼事情，有些事必須要邏輯性強，但有的時候就是要放下，要把這個度掌握好。這就是「起修處」。

有些事情無需提前做準備，比如明天要去相親，這能做什麼準備啊！正常該怎麼去就怎麼去，就展現自己真實的東西。你準備的認為很充分，反而就會因為你的這些準備，導致別人的反感。平時挺正常的樣子，明天要相親了，好好塗一塗、畫一畫，要把最好的一面呈現給對方；結果對方一看，你油頭粉面的過來了，最討厭的就是這種，

跟這樣的人沒法生活。你覺得把最好的一面呈現給別人了，其實不見得。

修行，不是從打坐起修，不是從念佛起修，不是從吃素起修，不是從念咒起修，也不是從禁欲起修。助行都不叫起修，起修處就在於放下你的分別，直心是道場，一顆直心去做事、去應對，應對的時候盡量少用分別。這個要練，從平常日用中去練。與人應對的過程中，工作來的時候，就練一練，從原來的模式下超脫、昇華。原來的模式是：來一個工作，馬上就開始分析項目工作的背景，然後進行各種數據分析。現在學佛法了，就開始練放下分別、分析，直心應對。

有人問：「老師，是不是都不用管了，直接憑感覺一拍腦袋，說這個工作做或者不做？」如果這樣，那你是個傻子！是不可能這樣做的。但首先你得練，事來了不去做那些分析比較，先感受、傾聽內心的聲音。當下屬給你彙報工作的時候，你放下自己，讓自己清淨下來。不要工作一來，馬上就開始波濤洶湧，跟前面類似的工作比較，那個工作失敗了，這個工作會不會有陷阱……而要練，在聽這個工作的時候，就要把你的心平下來，不要帶任何主觀的判斷。就是從這兒起修，從這兒開始感受自己內心的感覺，這就叫傾聽內心的聲音，這比什麼都重要。就是要超脫凡人的模式，一點一點的進入聖人的模式，學會放下。

如何放下？我們修了好多年，其實應對模式一點都沒變。你想想

學法已經多少年了，你現在和人應對、和事應對、和物應對的模式有變化嗎？是不是人一來、事一來、工作一來，馬上又用慣性的思維去處理，進入你固定的應對模式。所以，從哪兒起修一定要清楚啊！

《六祖壇經》這一段講的是，五祖弘忍和神秀這批弟子們之間的應對模式；上一段講的是，五祖弘忍和六祖惠能之間的應對模式。不要認為《六祖壇經》在講故事，我們首先能看到惠能的模式是：五祖弘忍話音剛落，惠能立刻就開始應對，雖然被嗆了，但五祖心裏狂喜，「可來了這麼一個中用的了」。後面緊接著就是五祖弘忍和神秀這批弟子之間，如何應對。其實這兩段是有深意的，就是在比較神秀這類弟子和惠能的區別所在。跟師父之間這樣應對，對別人、對事、對物是不是也同樣這樣應對。

從這兒可以看出，六祖惠能在《六祖壇經》第一品這麼寶貴的章節，為什麼要用來講故事呢？這可不是一般的故事，這個故事裏面可是有深意的。六祖惠能在《六祖壇經》裏面字字珠璣，他用這麼大篇章講這個故事，很多人在解讀《六祖壇經》的時候，對這個部分解讀就是個故事。可是惠能為什麼在第一品裏面寫了一大堆故事？大家要知道古人經典的格式，一定開篇即入主題，點破整部書所有篇章裏最中心要表達的核心。而後所有的篇章，都是對開篇核心的分解化的解讀。等到最後一章，再做一個大的總結，但還是不離開篇的核心。

那麼，《六祖壇經》第一品最核心的是什麼？開篇先介紹一下講

法的客觀環境和聽法的人，然後六祖惠能開口第一句就點了核心，大師告眾曰：「善知識！菩提自性本來清淨，但用此心直了成佛。」一句就把核心點出來了，整部《六祖壇經》就是在講這句話。怎麼成佛，成佛的重點在哪裏，本體是什麼，一句話就點出來，後面的所有都是對這一句話的解讀。我們現在《六祖壇經》講這麼多，是不是就在講這一句話。通過他們師徒之間的關係等等，不斷在呈現的就是這句話。再往後講，一直講到最後，還是這句話。只是從不同的角度、深度和層面來解讀這句話。

六祖惠能一上坐，大家問：「大師，怎麼能成佛呢？」六祖惠能就一句話：「菩提自性本來清淨，但用此心直了成佛。」然後就走了。你懂嗎？「大師，你別走啊！不懂，我們沒聽明白啊！」六祖又回來了，講了一年、講了三年、講了五年，最後講了三十七年就這句話。那是不是終於找到明白的、傳承衣缽的人，六祖才離世的？沒找到！六祖惠能講了三十七年，別看後面禪宗是五宗七脈，有很多的開悟的大弟子，但其實沒有誰能得衣缽。後面並不是因為衣缽沒了，所以傳不下去，也不是不應該傳，而是確實傳不下去了。也就是說，六祖惠能是一個什麼樣的人，前無古人，後無來者。六祖惠能之後，沒有任何可以替代他的人，沒有真正能理解他的人。花開五宗七脈，沒有任何一個人的境界能趕上六祖的，所以六祖之後無聖人。直到現在，經歷了一千三百多年，那麼多高僧大德，各種神蹟等等，仍沒有能超越他的人。

以後有機會要講中國的幾位聖人。而中華文明真正的最高處、最巔峰，就是孔子孔聖人。孔聖人離現在兩千五百多年，在華夏文明的高度上，沒有人能超越孔聖人，他已經達到登峰造極，前無古人後無來者。到六祖惠能，是把華夏文明和西域文明結合起來，產生了新的高度，更加圓滿、更加實際。

華夏文明上下五千年，從伏羲開創華夏文明，到周文王解讀伏羲開創的文明，到孔子第一次成體系的落地華夏文明，一直到六祖惠能把西方古印度的思想精髓接引進來集大成，是華夏文明的一次昇華。所以，整個上下五千年的華夏文明，如果從脈絡來講，就是四大節點，也即是四大聖人：伏羲、周文王、孔子、六祖惠能，從這四位聖人來解讀華夏文明的脈絡。到六祖惠能也就是唐代中期的時候，整個中華文明達到巔峰，後面就一路向下。

現在的炎黃子孫，把所有的大學教授、廟裏的高僧大德、研究文明、研究國學的都算上，沒有人知道華夏文明精髓所在，沒有人知道華夏文明到底是什麼。我們的文明已經沒落到了谷底，甚至現在我們的語言、文字都岌岌可危，整個華夏文明體系都面臨著被徹底的拋棄、放棄和淘汰的危險。當我們的語言文字都消失的時候，都在說英語、寫拉丁文的時候，我們的文明就消亡了，當我們的文明消亡了以後，我們的民族就該解體了。這樣的例子比比皆是，非洲、印度和現在中

東一帶，整個的文明都已經解體。文明、文化解體，民族就跟著解體，就沒有凝聚力了。

第三節｜《六祖壇經》大智慧　十道九神醫

所以，能有機緣學《六祖壇經》，學的是華夏文明的最高智慧。我講《六祖壇經》，也是要結合佛、道、儒，還包括醫、易、武等方面來講解，因為《六祖壇經》裏面包羅萬象。有人問：「老師，我們學文化文明，而醫是治病救人，這跟《六祖壇經》有什麼關係，跟儒學又有什麼關係？」我們來說說看有沒有關係。我們學這些最高的智慧，難道僅僅是想知道一個所謂的理嗎？學是不是為了要學以致用啊？

經典告訴我們宇宙的真相、人生的真諦、整個宇宙萬事萬物包括人的運行規律。為什麼要學宇宙運行的規律呢？我們又不是科學家！因為，人本身就是宇宙的一部分，人即是小宇宙。當我掌握了大宇宙的規則，就掌握了小宇宙；同樣，掌握了小宇宙的運行規律，也就掌握了人宇宙的運行規律。小宇宙和大宇宙、人和宇宙是一一對應的關係。我就是一個宇宙中的碎片，但是從全息論來講，碎片就含著整體；而研究整體的時候，知道整體的規律，就更能知道碎片的規律。我是一個個體，好像是個碎片，其實我同時也是一個整體，而我掌握宇宙

的規律，也就掌握人的生理結構的規律。

是否學到了正法、正道，有一個非常簡單的驗證，就是你學法已經一兩年，甚至是十年、二十年、五十年，不管學多長時間，驗證方法就是，你是不是個神醫，能不能給自己治病、給別人治病。

有人說：「老師，治病和學法有什麼關係？」你要真的學的是正法、正道，你就一定能給別人治病，一定知道疾病的起源和來龍去脈，一定知道疾病怎麼來的，就知道怎麼讓它走。所以自古以來對修行人，有句話叫十道九醫，道是指修行人，十個修行人裏面，有九個是神醫。要知道在古代沒有醫生這個職業，現在是有醫生、有醫院、有分科，古代沒有，古代大家得病了找誰呢，都是這些修道人、修行人兼職做醫生，而這些兼職做醫生的都是神醫。就比如說我們歷史上的孫思邈、張仲景、扁鵲、華佗、李時珍，這些有名的神醫其實不是醫生，都是修行人。包括山中宰相陶弘景，作出《神農本草經》，那是大修行人。所以如果你修的是正法、正道，真的有明師指點，就可以治病。

你知道跟明師學多長時間，下山之後就是神醫，就可以治病嗎？現在無論學中醫也好，學西醫也好，在學校五年畢業到社會上、到醫院，還得經過多少年的歷練才能成神醫。那是世間法，世間的學問、技能。如果跟得道的人、跟明師學，知道學多長時間下山就能成神醫，而且很神嗎？告訴大家：三天！三天從一個白丁什麼都不會，一點醫學知識都沒有，給我三天時間，可以讓你下山去治病。

有人說：「老師，太狂妄了吧！」我們可以試試，我的弟子就是三天、五天下山之後，治療抑鬱症、過敏、痛風、偏頭疼、風濕、肩周炎等等，比比皆是。比如痛風，在中醫西醫都沒有很好的治療辦法。有人問：「老師，是不是在吹牛啊？」什麼吹牛啊，我這麼多弟子在山下，你們自己去看。因為你沒見識過什麼叫真正的道，沒見識過老祖宗真正的大智慧是什麼，你現在完全都被西方那套東西洗腦了。固著的那些所知障，已經像烏雲一樣厚厚的遮蔽著你，你從未接觸，也已經不知道什麼是智慧了！看到的都是那些神奇、所謂的小神通，不要去搞那些，真的大道之理那是非常簡單的，平平淡淡才是真。真正碰到這樣的師父一點化，你立刻就成了，並不是要經過多少年的勤學苦練。

不管你跟什麼師父，無論是學佛、學道，還是學儒學，如果儒學你學了二、三十年，都不能給人治病，那你儒學也沒學透、沒學好。能給人治病，這是對你是否走向了正道，所學是不是可以學以致用，非常好的驗證。十道九醫，修行人絕大部分都是神醫，或者可以說百分之百都是神醫，這是必備的、最基本的條件，不要以為多高，如果你做不到這一點就是沒學好。十道九醫所羡一人是為何？這一人要嘛是深藏不露，要嘛就是沒學好。

六祖惠能只是會講經說法嗎？講經說法誰都能，問題是你說的是不是正法，是不是真諦呢？正法、真諦只有一個，也就是通向解脫、

自在、圓滿的路只有一條。現在這一條路是不是正法之路，是需要用事實去驗證的。怎麼用事實驗證？就是學法學到一定程度、入門了以後，到了世間我就能解決問題，自己的問題能解決，別人的問題也能解決，這就是救苦救難。先有「拔眾生之苦」之願，再學「拔眾生之苦」之法，其實自己就是眾生，「拔眾生之苦」的前提是自己先把自己解脫、自在、圓滿了，得通達這些正法、真諦，把自己都治好了，然後才能去拔別人之苦，這才是學以致用。

那個苦不只是疾病，得道之人也是醫，但醫的可不僅僅是身體的疾病。要知道最下乘的醫，醫的是病；中乘的醫，醫的是整個身體；上乘的醫，醫的是心。下醫醫病，就是現在的西醫，哪兒得病切哪兒，哪兒得病針對哪兒，這叫下醫醫病。中醫醫身，就是我們現在中華的醫學，就能做到頭疼醫腳，從身體的五行和陰陽、經絡和氣脈，整體來看一個病症，偏頭疼但是一針扎到腳底，把偏頭疼治好了，這在西醫是不可理解的。但是我們的中醫有一整套陰陽五行、經絡藏象的理論體系，所謂中醫醫身，是從全身來看待一個病症，胃痛一針扎在手上，或者不用針，直接按摩一下手，胃就好了。把身體當成一個整體來看待，運用陰陽五行的定律來療癒。

但是你的病，真正的來源是什麼？中醫講究風寒暑濕燥熱，這個是外在環境對身體的影響，身體受風、受寒濕、熱了、燥了，或者是四時不調，外界的氣候，以及情緒，都是病症的來源。但中醫就是中

等、中間層次的醫，而風寒暑濕燥熱又是怎麼來的？每一個人都在受著風寒暑濕燥熱，為什麼不是都有同樣的症狀呢？為什麼受了風寒，有的人就感冒，有的人卻不感冒？中醫又解釋不了這些。

其實各種疾病最根本的根源，一切源自於心。心是內因，外面的風寒暑濕燥熱、四時、情緒情感這些都叫外因。必有內因，然後結合外因，才形成了一個病灶、病症，真正最深的病灶是在心。心又是什麼組成的呢？首先，心是從我們的知見、觀念中來的。有人問：「老師，觀念、知見能讓我得病嗎？」後面我們再說明。

修道、修行的人為什麼能治病，為什麼能成神醫？連針藥都沒有，我就憑著一張嘴，就能給人療癒，竟然能把痛風、把過敏當下就治好。就能把用什麼藥都不行、疼得死去活來的偏頭疼，當下哭一頓就永不復發。

為什麼我們能做到這些？因為修行修的就是這顆心，我們直接從最深的病灶處，也就是心不圓滿的地方直接下手，把最根源的病灶清除掉、化解掉，那表層的症狀肯定立刻就好了。這就是理！知道理但不知道方法，這就屬密修的部分。現在是在講理，顯學的部分，先把理講清楚，讓大家知道我們老祖宗的智慧有這些，神奇絕不神祕。絕不是某些人認為老師天資聰穎，前世修行了多少萬年才能做到，沒修過的就做不到。錯！如果那樣的話，就不是成型的理論體系，就不是我們老祖宗的大智慧。如果有人說「我學的東西只是極少部分人能掌

握的，或者我學的只能我做，你們做不了」，這麼說的，要嘛就是騙人的，要嘛就是不想傳你。

事實上是誰學誰會。有人說：「老師，就我的資質，我這麼笨，教我三五天下山就能治療抑鬱症？」這跟聰明、笨沒關係。首先，如果真的是正法、正道，三天足夠出去治病。有人疑惑：「老師，那也太神了，可能嗎？」絕對可能。我培養了這麼多弟子，再笨的三天也會了，因為理就在這兒，把理通透了，就是百試百靈。有人說：「老師，你這樣是不是不讓我們吃藥啊？」藥和針是什麼，就像我們修行中的助行一樣，不是說不讓你吃藥、扎針，只有本體心力不足的時候，我們才會借助助行。如果你理都通透、心力足、敢面對的話，一下病就好了。

「心病還得心藥醫」，掌握這套理論體系，掌握這套療心的方法，才是真的。掌握了這些以後，不但肯定會治病，而且全從根上治，永不復發。中醫西醫哪個敢說痛風、偏頭疼永不復發，幾十年的胃病幾分鐘處理好了，永不復發。而我們老祖宗的智慧就有這套方法，就敢這麼說，這才是可驗證的真東西，我們所學就是要學以致用。然而，上述這些現代醫學能否解釋呢？

西醫對人體的疾病分了三大類，第一大類是傳染類疾病。第二大類物理化學類疾病，包括：物理方面引發的疾病，比如被車撞斷了胳膊、從樓上掉下去受傷了，這屬物理損傷；化學方面，比如霧霾引發

疾病，或者吃了有毒的食物，中毒拉痢疾了，屬化學損傷，兩者綜合起來叫做物理化學類疾病。第三大類是心因類疾病。

傳染類疾病方面，比如 SARS 等傳染病、病毒性傳染病，西醫在傳染病治療上很厲害，針對病毒研發藥物，可以直接殺死 SARS 病毒等等病毒。因此，對傳染類疾病，西醫的貢獻非常大，同樣對物理化學類疾病西醫的貢獻也非常大。但是，心因性疾病西醫束手無策。然而，心因性疾病在整個三大類疾病裏，占比約 90%；傳染類、物理化學類疾病只占到所有疾病的 10% 左右。那 90% 的疾病都是心因性疾病，比如心臟病、抑鬱症、自閉症、癌症，所有心理類疾病，還有皮膚病、過敏、十二指腸潰瘍、肝炎、腎結石等等，絕大部分疾病都是心因性疾病。

什麼叫做心因性疾病？就是從心裏來的疾病。心出了問題，才是心因性疾病最主要的根源。我們所學的《六祖壇經》、佛法、道法、儒學，就是針對心來修的。所以，學了這套道和法以後，90% 的疾病都能治，那你是不是神醫？這些疾病情況都是有據可查的，西方是不是也同樣認可？例如，抑鬱症患者現在中國接近一億人，占全世界人口的比例也很大，西醫根本找不到抑鬱症的根源，不知因何形成的；中醫對抑鬱症的成因歸結為五行不調、心火太弱。西醫沒有治療辦法，因為抑鬱症想自殺，所以只能開鎮靜劑，讓患者睡覺；中醫通過調五行治療，時靈時不靈。如果用我們所學這套道和法，直接從心去治療，

抑鬱症直接就療癒了。

　　有同學說：「老師，快告訴我怎麼治，我的親戚有抑鬱症，天天想自殺！」雖然理解這是救人的功德，但這是密傳的部分，這種講授形式下，就是講顯學部分，講的是理，理通透了再有機緣，再開始學密傳的部分。很簡單，只是先讓你感受一點什麼是老祖宗的大智慧。我的弟子都不用學多久，下山後已經治好很多、而且很嚴重的抑鬱症。不是因為老師是大神，不是這樣！你學你也會，這是我們老祖宗的智慧，只是這個智慧被淹沒、被隔絕、失傳、沒傳承下去，這是我們炎黃子孫的悲哀。老祖宗有太多大智慧，所以要系統的學習和實際去運用老祖宗的大智慧，邊學邊用，這樣得道非常快，自身趨向圓滿，又能拔眾生之苦、解眾生之禍、破眾生之難。

第十章

忽若道好即出禮拜

若道不堪更修何道

第一節｜大智者若愚　修無為而非修有為

神秀尋思來琢磨去，到底偈子呈現不呈現？對神秀來講，寫偈子沒有問題，只是在顧慮偈子怎麼呈現，直接拿給五祖，怕五祖覺得不如法、沒入道，被駁斥回來；同時也怕五祖懷疑他有爭祖位之心，不純淨。這樣幾天翻來覆去，不停的顧慮、焦慮。

【五祖堂前有步廊三間，擬請供奉盧珍畫《楞伽經》變相及五祖血脈圖，流傳供養。】五祖住的地方前面有三間走廊，本來是要畫《楞伽經》變相及五祖的血脈圖，流傳供養的。然而，【神秀作偈成已，數度欲呈，行至堂前，心中恍惚，遍身汗流，擬呈不得。】可以看出，神秀的心裏大動，也就是我們所說的凡人模式。神秀已經跟五祖學幾十年了，即使沒有大的成就，應該也不至於因為一個偈子，成了這個樣子，「心中恍惚」甚至幾天沒睡覺，「遍身汗流」緊張成這樣。但我們也可以理解，因為是否能得到衣缽，對神秀來講太重要了。能得到衣缽，意味著他幾十年的修為，得到了師父的認可。

得到衣缽者，名留千古啊！六祖惠能和五祖弘忍的名號到現在所有人都知道，弘忍當然也有很多師兄弟，可我們不知道有誰。因為五祖得到了衣缽，是法脈唯一的代表，就有這個身分千古留名。對神秀，以及所有修行人來講，得到衣缽就意味著得到了真傳，得到了師父的印證，所以他太緊張了。拋棄身家性命，出家為僧，就是為了這一天。

而我們可能覺得衣缽得與不得無所謂，那是對於我們。比如現在，如果一個大的集團公司要選董事長，你是其中一位候選人，還有可能被選上，而且可能性很大，你緊張不緊張？緊張很正常，雖然正常，但是在世俗間正常。在修行界，修了這麼多年，神秀也沒修出聖人的模式，還是在世俗間，被世俗的名利所牽引，還是執迷於這些，心中根本做不到保持自性本來清淨。其實，跟他寫偈子的水平怎樣已經沒有關係，他整體的狀態就是一個凡人的模式。

修行就是要打破凡人的模式，進入聖人的境界，要有聖人的思維模式和行為模式，就要在現實中，從小事上不斷的練，強行的把自己從凡人模式導向聖人模式，要強化，這就是修煉。結果現在絕大多數修行人，把時間、功夫都用在助行上，打坐、念佛、吃素、禁欲、放生、做好事……都用在這些之上，你再努力也不能改變你的模式，要清楚這樣做你還是原來那個你，只是增加一些福報、消一些業而已。這也就是助行的意義，消業、增福報，就是求福田。把修行的功夫都用在這些助行上，結果失去真正的修行的本體。

太多的修行人都是如此，失去了修行的本體，把功夫都用在助行上面。因為助行有形，打坐的時候念佛有遍數，打坐有個時間、有感受；吃素和禁欲都有個標準；做好事、放生，有一種成就感、自豪感和「我是菩薩」的感覺，很好很舒服。但是大家一定要知道，那不是修行本身，我們修的不是那些有形的東西，一切有形的都是夢幻泡影，《金

剛經》有言:「一切有為法如夢幻泡影,如露亦如電,應作如是觀。」真正的本體無形無相,修行修的就是放下執著與妄想,放下分別與比較。修行真正的本體就是修心,就是這一顆直了之心,「但用此心,直了成佛」。這是唯一的捷徑,沒有別的路。我們反覆的強調,修行的本體和助行之間的關係,不能把注意力和功夫都用在助行上,結果自己的模式和心性卻一點都沒有改變。

再看神秀,在五祖處修行幾十年,他作為首座能不用功、能不勤奮嗎?他一定是眾弟子的表率。但他這麼勤奮的積累和修行,修了幾十年,為什麼還得不到五祖的認可?從這兒,就能看出他和惠能的區別。惠能不打坐、不念佛,我即是佛,我念誰呀?有佛去念佛的嗎?你就是一個凡人,你不覺得自己是佛,就知道自己是凡人時,才去念佛。念佛是要成佛,或者求佛,然而佛會求佛嗎?佛需要念佛嗎?

六祖惠能沒有這些助行的東西,但通過前面他與五祖弘忍的對話,能看出來他每天在做什麼——不離自性。這就點到了修行的重心、核心。他修的叫「無為法」,這才是真的佛法。一切有為法都是助行,要「放下」。放下不是指不修了,而是要知道它的意義,再去修它。在這裏,我們比較神秀和惠能,不能僅僅從他們所寫的偈子比較,當然偈子也很重要,是修行境界的呈現,不同的境界寫出來的偈子就是不一樣,一定有不同。而從神秀和惠能現實中的思維模式和行為模式上,能看到更多的東西,我們學習的是六祖惠能的聖人模式。大段篇

幅把神秀的狀態寫得淋漓盡致，不是為了貶低神秀，而是讓我們做個比較，從中告訴我們什麼是真修行，修行的本體是什麼。

神秀用功用在哪裏了？打坐、觀呼吸、止念、觀念頭，又或是放生、行善、禁欲、素食、念佛、念咒，一定精進無比。但是，一臨事的時候，就是凡人模式，一點都沒變，甚至有過之而無不及，還就是一個凡人。要清楚，在這裏不是要貶低他，神秀修行的精進是值得讚揚的，但是修行主次不能顛倒。首先要知道什麼是修行的本體，知道然後再去做，這就是先有道後有術，先通理後才是行。如果方向是錯的，天天把所有的功夫都用在打坐、冥想、念佛上，卻不知道為什麼冥想、為什麼念佛，認為這樣能成佛，這是本末倒置，方向錯了怎麼可能成佛。一定要把有限的時間，真正的用在做有效的事務、方法上，這樣才會事半功倍；否則方向錯了，你越精進，反而離道越遠。

從這一段弟子們如何應對五祖提出要傳衣缽的事，我們看到神秀和惠能的思維模式和行為模式，然後再看結果。神秀【前後經四日，一十三度呈偈不得。】四天都沒怎麼睡覺，到五祖弘忍的住處，十三次拿著偈子不敢敲門進去。我們能想像出他的狀態。【秀乃思惟：「不如向廊下書著，從他和尚看見。」】又開始思惟不敢進怎麼辦？牆上有沒畫完《楞伽經》的空餘處，「算了，不如我乾脆把偈子寫在走廊的牆壁上，這樣師父經過的時候就能看見。」【「忽若道好，即出禮拜，云是秀作。」】師父說：「這個是誰寫的呀，這個開悟了。」這個時

候我再出來說是我寫的。這小心思，好像很聰明，這樣不丟臉。【「若道不堪，枉向山中數年，受人禮拜，更修何道？」】如果師父一看偈子說：「這是誰寫的破爛東西！」那我就千萬不能說是我寫的，否則我在山裏修幾十年不就白修了，我還天天受師弟們的敬拜，代師教授弟子們，我這以後哪有臉再給師弟們講課、傳授佛法，都白修了。所以，如果師父這樣說，我就不出現，跟我沒關係，我也沒暴露。所以，神秀這叫聰明，不叫智慧。

聰明者沒有智慧。精明者精於計算，精於計算的人缺的就是智慧，只剩下聰明、精明。真正的智慧，和世間的聰明、精明不是一回事。精明的人精於算計，看著好像很精明，在世間被騙的都是精明人。很少看到有傻呵呵的、特別憨的人，被別人騙了。容易被騙的，都是特別聰明、算計的人；特別憨厚的人，並不容易騙。事實上，在世間都是憨厚的把精明的騙了，很少有精明的把憨厚的騙了。長相憨憨的是練出來的，心思動的時候根本在表面上看不出來，非常容易讓人放下戒備；而精明的跟猴子似的人，眼珠一轉，大家全防備你，還能騙了誰呀！在世間事實上，都是精明的人想算計憨厚的人，反而被憨厚的給騙了。

智慧和精明完全不同。「大智者若愚」，看著現實中都是憨憨的，顯得很愚鈍，什麼都不明白，好像很遲鈍，精明的人腦子飛快，給憨憨的人講各種賺錢方法，憨憨的人聽不懂……其實誰不懂啊！哪有不

懂的人啊！大智者若愚，是練出來的。世間最忌小聰明，小聰明的人精於計算，而精於計算就是精於比較、分別，特別善於分別、善於比較。

修行，在沒入門的時候是精明外露，真正入門修幾年後心就沉下來了，再修幾年面相就變了，看不出多麼精明，不再是用聰明和精明來看你，一點一點的就沉下來，做事說話不急不躁，「貴人語話遲」。再往後修，越來越靜默，靜默可不是死板一塊。再往後，一看到你，一接觸，別人對你的信任感就油然而生，不用說多少話，就一見面跟你握握手，或者打聲招呼，那種恭敬心、崇拜心、信任感油然而生，沒那麼多話，這是大修行人。

這種修行人現實中有嗎？我們想一想，周恩來總理是不是那樣的人。哪怕是個陌生人，跟他一見面，馬上就對他肅然起敬，信任感油然而生。你看他的表情和眼神，一舉一動，一言一行，都是修煉、修出來的，「相由心生」。有的人見面就讓人煩，說什麼大家也不願意聽，這種還是修為不夠。周恩來總理一坐一站，既給人感覺和藹親切，同時又透著威嚴肅穆，信任感油然而生，這就是大修行人。

不管修佛法、道法還是儒學，其實都會修成那個狀態。聖人不可能表現出來很猥瑣，絕對不可能賊眉鼠目或者眼珠亂轉，精得好像跟猴子似的。修行，修的是這顆心，而不是外面的形。修無為法，而不是有為法，有為法是為無為法服務的。「一切有為法，如露亦如電，

如夢幻泡影，應作如是觀。」佛祖在《金剛經》裏面講得很清楚。

由此看出，神秀在現實中一定是非常聰明，精於算計，但是他再怎麼修也是世間凡人的模式。所謂世間的優秀者，是在眾人往同一個方向跑時，比別人跑得快，看似更加的優秀、聰明、精進，但其實是隨波逐流，並不知道正確的方向和前路的情況。

第二節 | 顯學通理正知見　密修密鑰解經典

【是夜三更，不使人知，自執燈書偈於南廊壁間，呈心所見。】描述得好像電影畫面一樣，三更半夜，偷偷摸摸，神秀自己拿了燈，在壁上把自己的偈子寫上了，這就是非常有名的那個偈子，【「身是菩提樹，心如明鏡臺。時時勤拂拭，勿使惹塵埃。」】偈子其實不能從字面上去解讀，偈子不是詩，不是描述一個場景或者一種心境和狀態，而是把修行的境界，用詩一般的語言描繪出來。我們不能追究偈子為什麼這麼寫，為什麼身是菩提樹，為什麼心如明鏡臺，不可以用文字從字面上解讀偈子。

明師或者內行、明眼人，一看偈子就知道他現在修行到了哪個境界，一眼就能看出來。但要記住，偈子不可以用字面文字解讀，因為一落到文字就落到邏輯，出口即著兩邊，不管說什麼話，言語道斷！話一說出來、字一落筆，離道就遠了。話一說出就有分別，永遠說不

出兩面的話，一定是一句說這一面，再說一句另一面，不可能一句兩面都有。文字也是，落筆即著兩邊，兩邊就是極端，就是要嘛著這邊，要嘛著那邊。所以，語言和文字本身是有漏的，文字再優美也不可能呈現出全體。而偈子呈現的是心的狀態，是整體性狀態，是全體。怎麼能看到全體，而不落入兩邊，而不走極端呢？只有一個唯一的狀態：一念不生全體現。

只有在自性清淨的狀態下，自是一念不生。「一念不生」，不是無念，不是念頭沒有了。念頭就叫訊息流，像瀑布一樣永不間歇，不可能有任何一點裂痕或者間斷。如果你的念頭當中有一點點裂痕，你立刻當下就死了，投生別處。「一念不生」，不是念頭沒有了，而是不在念上加念，「不於念上生念」。有念即周流，周流即周流，念來了就來了，念去了不留，這種狀態下大智慧才會現前。大智慧現前的現象即是「全體現」，任何東西一看，一下就能看到所有的面：內是什麼，外是什麼，怎麼來的，怎麼發展，成住敗空等等，只有在一念不生時立刻全體現，全都知道，了了分明。只有在那種情況下，才可能出現全體現的狀態，但只要落入文字，或者話說出來，即「言」「語」，道就斷了，就不是全體了。無論語言還是文字，只能描述一面。

所以這一篇「身是菩提樹，心如明鏡臺。時時勤拂拭，勿使惹塵埃。」不要從字面上去分析，但是真正修行得道的人一看就知道是什麼狀態、境界。這裏面暗藏著密修的東西，他為何說身是菩提樹，而

不說是菩提山或別的山、別的河、別的……呢？這裏面藏著密修，神秀說的「身是菩提樹」是密修的境界，「心如明鏡臺」也是密修的境界，密修的方法。以樹修身、以鏡修心，神秀說的是，我修這棵生命之樹已經修到了菩提樹，修這顆心已經修成明鏡臺了。

要知道神秀修行的境界，別看前面寫了那麼多他不得法等等，修行境界可不低了！他是菩提樹，你是什麼樹？人家是明鏡臺，你覺得你又是什麼臺呢？這在傳弟子密修法的時候，我們都是要修的，我到時直接就讓你看到你是什麼樹，搞不好就是一棵歪脖殘柳樹，或是一棵瀕死的枯樹。別笑話神秀，菩提樹就差一層窗戶紙了，菩提樹是聖樹，釋迦牟尼佛祖就在菩提樹下成佛的。境界已經很高了，心能如明鏡臺……這是我們這一門密修的內容，就在此呈現出來了。

只講理不行，心法和顯學的理再通透也沒用，不知道修行的方法，理再通透也沒用；但是，如果沒有通透的理，也修不了密修。好比一隻手的正反兩面，理是方向，術是實際方法，理和密修之術缺一不可。在此是公開講授，所以密修之術不可能在這裏教授，那得需要有大機緣，通過口耳相傳的方式，傳授密修之術。先有了理，即正知見，再教密修的術，這才是一個太極，才是圓滿。也就是所有的理，只有同時掌握了密修之術，才能落實，才能真的療癒、救苦救難、斬妖除魔，才能解決現實中所有的不幸和障礙，才能調心轉運。必須顯學的理，與玄學的密修之術，合起來才行。

有同學說：「老師，那我們就不用看經典了，我們也看不懂寫的什麼意思啊！」是的，你自己看經典，不僅是《六祖壇經》，所有的經典都是一樣，包括五經——《詩經》、《尚書》、《禮記》、《易經》、《春秋》。就一部《詩經》你能看懂嗎？你以為那就是詩歌嗎？不！裏面的意義深著呢。每一部經典都有顯有密，顯和密才組成一部完整的經典。只從字面上去看，是顯的部分，字都認識；而密是指每一部經典都有一把鑰匙。僅是看經典的字面，每個人對字面的理解都不同，仁者見仁智者見智，你覺得自己理解的對就按理解的去做，往往就錯在這兒，因為你根本沒掌握密鑰、密碼、鑰匙。經典就像聖人給我們留下的寶藏，每一部經典都是一座大的寶藏，想進入經典寶藏必須得打開大門，必須得掌握鑰匙，而鑰匙就是我們說的密修的部分。一點也不玄幻，任何的經典，沒有鑰匙一定破不了這個門。

你就算把《六祖壇經》背得滾瓜爛熟，甚至倒背如流，也進不了這扇大門，不知道裏面說的是什麼，你最後只是一部複讀機。不要以為背下來了就能理解它，甚至你理解的就是錯的，因為你不知道對的是什麼。所以，任何一部經典都有密鑰，必須得同時掌握了密鑰，才真的能看懂經典。那麼，如何掌握密鑰？鑰匙從哪裏來？必須得有機緣遇到明師。沒有明師指點，就是把經典當語文課本背，一字字的理解，沒有意義。

經典和文學著作的不同在於，經典就不是用世俗的語言寫的，不

是給普通人寫的，也不是按照世間的邏輯寫的。而且根本不是寫出來的，而是流出來的，那是立體的呈現，不是邏輯性呈現的，邏輯是一條線。經典一出來就是整體、全體，這叫做流露的智慧。你用邏輯性的語言和文字去理解經典，就好比一條線去理解立體維度的東西，如何能理解？

六祖惠能呈現的是一個立體，你是邏輯理解而呈現的一條線，每個人看經典時都是按自己的這條線，在看他的理解，所以無法看到全貌。因為你有你的邏輯性，按照你的邏輯性去分析、去感知的時候，看到的永遠都是自己想看到的。要看到經典的全貌是有方法的，方法是密修的法，一定要脫離你的邏輯性，一定得「升在空中」，才能看到下面的全貌。怎麼能「升在空中」？這就需要密修的方法。這個方法必須得有明師教你，別想自己悟。不是聰明就能悟出來的，這都是傳承來的。明師，首先也必須有傳承，再聰明也不可能自己悟出來密修的方法。

有人說：「老師，你說這話有什麼根據？那所有修行人天天都在讀經、誦經啊，一點用都沒有嗎？」對！你不掌握密修的方法，不掌握密鑰，你讀經就是在讀語文課本，就是在從文字上去理解、解讀經義，根本不知道這經講的是什麼。別看你背得滾瓜爛熟，出口就是經典，其實張口即錯！

還有不認同的說：「老師怎麼這麼絕對呢。誰說的？我看經典

怎麼就看懂了呢？我每個字都認識，看著就非常好啊，我都理解了呀！」各位，我剛才講的內容，不是我說的，是我們的孔聖人說的。在《周易‧繫辭傳》裏有這麼一段話：「書不盡言，言不盡意。」孔子這話意思是：你只是看書的文字，不知道說的是什麼，甚至我們語言交流，你都不知道言外之意，不清楚他真正要表達的是什麼。通過言辭，你認為他說的你理解了，其實根本就不是你理解的意思。語言會不會騙人？我們之間面對面交流，有沒有可能你說一句話，結果我會錯意？這是經常的常態。連這樣面對面交流，都不可能掌握對方真實的意義，何況你在看古人的書！這就是文字和語言的「漏」，從文字上別想看出真實的意義。「書不盡言，言不盡意」，你只能看出一部分意義，看到片面的一部分，這叫「不盡」。而「盡」是整體。

那經典還要再看嗎？既然交流也不知道什麼意思，口耳相傳也不行，那怎麼傳？孔子後面馬上又跟了一句：「然則，聖人之意不可見否？」難道說聖人要給我們表達的真實意義，我們就見不到了嗎？聖人是通過經典、通過講經說法向我們表達、傳遞真相和真諦，如果書不盡言，言不盡意，我們怎麼學呢？我們豈不接收不到了？孔子馬上問了這一句，後面接著回答，這就是重點：「立象以盡其意，設卦以盡情偽，繫辭焉以盡其言，變而通之以盡利，鼓之舞之以盡神。」

孔子在著作裏已經詳細描述了，但關鍵是能否看懂？「書不盡言，言不盡意」，經典裏面真實的意義既不能從文字解讀，又不能語言溝

通得到，通過什麼能得到？通過立象以盡其意。什麼叫立象？怎麼立象？聖人可沒提。聖人告訴我們從字面看不懂，可以透過立象、設卦……這些方法看懂，但怎麼立象、怎麼設卦、怎麼繫辭、變通、鼓舞都沒講。其實告訴大家，立象、設卦、繫辭等等的方法，孔子在他的著作裏都詳細的講了，聖人就是聖人。但你能找得出來，看得懂嗎？沒有明師指點，你把孔子所有的書都看完，就最基礎的「立象」也找不到。

佛、道、儒其實是一回事，修煉的方法沒有二只有一，所以叫不二法門。不管修佛、修道還是修儒，一家通家家通，修行的方法完全是一樣的，沒有任何差別，奔向真理真正的修行方法只有一個，絕沒有二。現在我們在學佛法，如果直接講佛法，你不一定能聽全面，會聽得太局限，覺得這就是佛的東西。我講《六祖壇經》時，會把道法、儒學、醫學、易、兵法、韓非子、鬼谷子、帝王學，都融到這裏面來，因為這些都是同一回事。在講佛的時候，用儒、或者用道來做佐對、驗證，大家可以看看是不是一樣。

要把佛經、道經、儒學經典看懂，首先一定要放下從字面上去解讀，必須要掌握密修的術，掌握密修的方法，就可以把經典用起來。所有的經典都是用的，而不是只是讓你理解他的意思。「放下」可不那麼簡單，「放下」兩個字是我們整個修行體系最精煉的概括，但這是一整套大的體系，具體怎麼放，碰到什麼事時怎麼放，都是有方法

的。沒有方法，而只是知道放下分別、放下比較，你試試放得下嗎？

放下就是一個點，既是源頭又是終尾，中間還有一個大圈、很長的路徑你要走，這是一整套包括顯學、密修和心法的體系，走遍了這一套體系，才能回歸到你的起點。有同學說：「既然老師已經把最根本的東西跟我們說了，那就不用再聽、不用再學了，直接告訴我們終點，起點就是放下，終點還是放下，那就放下吧。」天天就是放下，傻呵呵的啥也不想，來了什麼就隨時應對、隨便應對。真這麼做，那在現實中你就是個傻子。你根本做不到，你流出來的不是智慧。這裏面要學的東西真是太多了。

現在要告訴各位的是，要想學經典必須得掌握鑰匙，這是孔子在《繫辭傳》裏親自說的。密修的密鑰從哪裏來？就是孔子說的清清楚楚的這幾個階段：立象、設卦、繫辭、變通、鼓舞。怎麼立象就是密修的入門，如果對立象不明白，不知道怎麼做，也不知道怎麼用，傳統文化你就沒入門，也入不了門。「立象」是入門的鑰匙，而設卦、繫辭、變通、鼓舞，是進了門以後的應用。

「立象」是入門，這已經講得夠透徹了。但是，聽不懂的，沒有明師指點，歷史上也沒見到過有什麼大德能悟出來怎麼用。沒有師父教，沒人能悟出來。如果對立象、設卦、繫辭、變通、鼓舞都不知道怎麼做，不知道怎麼用，也就沒資格去談論國學、傳統文化，你就是個門外漢。中醫如果不知道立象是什麼，那老中醫也是門外漢，只會

背一些古方，而不知道中醫的真諦，真正華夏的醫怎麼治病，也都不知道。中醫又叫「中醫藏象學說」，都有個象字，對象的理解和應用是關鍵。

在這兒，我們講的只是顯學，但現在是提醒大家，不能拘泥於文字，不要把背誦經典當成你的必修課。背誦經典沒錯，但要知道，你自己理解的經典絕不是經典的真意。「立象以盡其意」，你得找到鑰匙，打開這扇門，無盡的寶藏就在門裏面；沒有鑰匙打不開門，門內再大的寶藏，你就只能望門興嘆。不管你研究了多少年的國學、經典、佛學、道學，如果沒有明師傳授，掌握鑰匙，你永遠都是門外漢。經典背得再熟，也不知道怎麼用。

這是從這篇偈子，解讀出了這麼多內容，只是告訴大家一個實情而已。這樣一說，很多人會怨恨、會沮喪，會說：「哎呀，我一生致力於國學、經典，致力於佛學、道法、儒學，聽這個老師一講，全都否定了。我還是門外漢啊！」這可不是我講的，是孔聖人說的，而且說得非常清楚，我只是複讀出來，把意思給大家說出來而已，雖然是大家都不願意看到的。「書不盡言，言不盡意。然則，聖人之意不可見否？」這是孔聖人說的啊，如果有哪位對此有異議，認為就能從字面知道真實的意義，那可以到曲阜找孔聖人辯論去。而我的意思是，儒學的經典，孔聖人有方法能知道、掌握它的真諦。那佛法、道法也是一樣。

說起道法，就又說到小周天了，書上寫著，意守丹田，百日築基，臍下一寸三有個爐鼎，守著這個爐鼎百日築基，天天溫養著爐鼎。溫養一百天，不能漏精，燒它，然後一股熱氣就會從後面上來了，任督二脈就通了，再往復周流、周流……書上不都是這麼寫的嗎！小周天又大周天，最後開天眼，發光……等等。有人說了：「書上就這麼寫的，那我就這麼練吧！」你要這麼練的話，無異於找死，堅持這麼練沒有一個不練壞的。為什麼？其實書上寫的還有一些話你看不懂。爐鼎在哪裏？其實書上緊接著就說：爐鼎既不在身內，亦不在身外。

所有道家要練金丹大道的，首先得找到爐鼎，那個叫靈竅。修道要找到靈竅，才能開始起修。你覺得靈竅爐鼎在哪裏？臍下一寸三，內面那是腸子。「不在身內亦不在身外」，空靈一竅叫爐鼎。所以，道家修行，必要找到那空靈一竅，即爐鼎。然後，所有金丹大道的修行，都從此起修。

但非常明確的是，爐鼎絕不在肚臍下面一寸三的腸子裏，也絕不在身體裏。不要往身體的部位上守，會出人命的。我們人體是自然的，由自律神經控制的系統。你不要去控制心臟，也不要去觀呼吸、去控制呼吸，讓它自然而然的運行，一旦強加意識就會影響植物神經，也就是自律神經，會出問題的。我們的身體，不可以執拗的去守任何地

方，不可把意識加到身體的任何部位，強加意識時間長了，會影響氣血運行，整個機體就會紊亂。

所以，千萬不要自己跟著書本，去盲修瞎煉。經典沒錯，看經典的人會理解錯，這就像孔子說的「書不盡言，言不盡意」。明師也是講經典，也是講呂祖的《金丹大道》，但是解讀出來的話，絕不是你能想像的到的。爐鼎都找不到，就無處可修。

你能找到爐鼎，能找到那「空靈一竅」，就能知道孔子寫的「立象」是什麼意思了。立象也是在找同樣的地方，儒家叫立象，道家叫爐鼎，一回事。道家要找靈竅，儒學要找靈臺，佛法要找到靈山。佛祖現在還在靈山講法呢，你得找到靈山才能見到真佛，見到了真佛才能聽到真經，聽到真經才能徹悟，修行才開始入門。

真佛都沒見到，還沒入門，你就跟著魔跑了！現在遍地都是打坐的佛，口吐善言，但給你拉入魔道，你根本認不出來。找不到真正的靈山，就見不到真佛，見不到真佛，你無從起修。有人覺得沒幾個見到真佛的，那大家都修不成了？是的，就是這個意思。明師即真佛，未遇明師，跟著假佛修行，能修成什麼！美其名曰是個修行人，修的是佛法還是魔法都不清楚。真佛見不到，如何入正道之門？事實就是這麼殘酷，能見到真佛的，得是大機緣，極少數人。而見到魔的、見到假佛的人，遍地都是。不是假佛的錯，也不是魔的錯，你覺得人家在騙你，其實人家沒錯，而錯在你，是因為你沒有孫悟空的火眼金睛。

孫悟空開始的時候，大鬧天宮，一頓亂作，最後叫佛祖壓下去了，就是因為不開眼嘛。後面在煉丹爐裏煉，練成火眼金睛了，真假一下就分辨出來了，才能協助唐僧取經。如果沒有火眼金睛，孫悟空能有什麼用，舉著金箍棒見誰打誰，別說保護唐僧了，早就不知被魔騙哪兒去了。魔最會騙人、迷惑人，往這兒一坐慈祥的很，口吐善言，仁義道德禮智信、孝順……全都在魔口中，你一看這是佛呀！其實，那絕對是魔。

　　為什麼說，錯不在人家，而在你。靈山你都沒找到，你就在個土坡上去求真佛，不是在靈山的地方，那一定都是假佛啊。真佛只在靈山上，而靈山又在哪裏呢？不知道靈山在哪兒，找不到真佛，你也無從起修。

　　有人會說：「老師，我知道靈山在哪，靈山就在我心裏！人人都有一座靈山，就在心裏。我不向外求，就向心裏求。」先別說廢話，靈山在心裏，那告訴我們，心在哪兒？靈山是具體有一個去處的，具體有一個地方的。靈山、靈竅、靈臺所指的都是一個地方。佛叫靈山，真佛在靈山；道叫靈竅，金丹在靈竅；儒學說，找到了靈臺才真的能夠通達徹悟，聖人在靈臺，那幾個大聖人伏羲、周文王、孔子都在靈台上呢。靈臺找不到，就入不了儒學之門，只是從字面上去分析儒學的東西，就是在誹謗。所以孔子直接就說了：「書不盡言，言不盡意」，別從書面上去得通達，得不著的，你得「立象以盡其意」，「設卦」，

那就涉及到《易》了。

天天在字面上研究《易經》，能研究出來什麼？這打擊面又廣了，學《易經》的又不幹了，但是我只是說點實話，立象都不懂，怎麼設卦！孔子解讀《周易》的《十翼》中的《繫辭傳》裏，一再跟我們講，必須先了悟什麼是「立象」，而且知道怎麼做、怎麼應用，然後才是研究卦理、卦象。全是「象」，那就是鑰匙。《六祖壇經》這篇偈子裏的「身是菩提樹，心如明鏡臺」，這就是立象。你理解嗎？怎麼用知道嗎？不知道的話，就要遍訪明師。

如果修佛，就找靈山，去找到真佛；如果修道，就找靈竅，那才是金丹所在之處，找到了靈竅金丹，就真的能修出金丹大道，其實很簡單；要想學儒學，得真的找到靈臺，上到靈臺的臺階就是「立象」，掌握立象就能上到靈臺之上，就能見到伏羲、周文王、孔子，就能得到他們的真傳。有人一聽：「哎呀老師，嚇死了，還見到伏羲，一萬多年了！」你告訴我，伏羲、周文王、孔子徹底在宇宙中泯滅了嗎？肉身的人沒有了，他們就沒有了嗎？有人說：「我是唯物主義者！」唯物主義講眼見為實，量子物理學出現以後，唯心主義和唯物主義就都沒法提了，反而開始提我們老祖宗的佛法、道法、儒學的智慧了。

那我們老祖宗的智慧是否超越了西方的量子物理學？現在被國際上認可的，所有西方量子物理學實驗的結論，都在驗證著我們老祖宗的大智慧，沒有證偽，都是在證實著。由神秀一篇偈子，引申出我們

中華祖先智慧的精髓與核心。講到此處，應該體會到了我們老祖宗大智慧之博大精深、包羅萬象。書前有緣人若能領略一二，我將倍感欣慰與榮幸，亦能感受到中華文明崛起之希望。

老子通玄派
明公啟示錄——解密禪宗心法 ●

作　　　者╱范明公
出 版 贊 助╱黎少芬
主　　　編╱張閔
文 字 整 理╱張志華・王班・王麗娜
美 術 編 輯╱申朗創意
責 任 編 輯╱林孝蓁
企 畫 選 書 人╱賈俊國

總 編 輯╱賈俊國
副 總 編 輯╱蘇士尹
編　　　輯╱高懿萩
行 銷 企 畫╱張莉滎・廖可筠・蕭羽猜

發 行 人╱何飛鵬
法 律 顧 問╱元禾法律事務所王子文律師
出　　　版╱布克文化出版事業部
　　　　　　台北市中山區民生東路二段 141 號 8 樓
　　　　　　電話：(02)2500-7008 傳真：(02)2502-7676
　　　　　　Email：sbooker.service@cite.com.tw
發　　　行╱英屬蓋曼群島商家庭傳媒股份有限公司城邦分公司
　　　　　　台北市中山區民生東路二段 141 號 2 樓
　　　　　　書虫客服務專線：(02)2500-7718；2500-7719
　　　　　　24 小時傳真專線：(02)2500-1990；2500-1991
　　　　　　劃撥帳號：19863813；戶名：書虫股份有限公司
　　　　　　讀者服務信箱：service@readingclub.com.tw
香港發行所╱城邦（香港）出版集團有限公司
　　　　　　香港灣仔駱克道 193 號東超商業中心 1 樓
　　　　　　電話：+852-2508-6231　　傳真：+852-2578-9337
　　　　　　Email：hkcite@biznetvigator.com
馬新發行所╱城邦（馬新）出版集團 Cité (M) Sdn. Bhd.
　　　　　　41, Jalan Radin Anum, Bandar Baru Sri Petaling,
　　　　　　57000 Kuala Lumpur, Malaysia
　　　　　　電話：+603- 9057-8822　　傳真：+603- 9057-6622
　　　　　　Email：cite@cite.com.my
印　　　刷╱韋懋實業有限公司
初　　　版╱2020 年 11 月
定　　　價╱300 元
Ｉ Ｓ Ｂ Ｎ╱978-986-5568-03-0